美肌＆アンチエイジングに効果バツグン！
365日 アボカドの本

アボカド屋 madosh!cafe
佐藤俊介

PHP研究所

はじめに

「アボカドは、火を通してもおいしいんですね」

来てくださった方の多くが、そう言ってくれます。

アボカド料理のお店「madosh!cafe」をオープンしたのが2007年。サラダや生春巻きなど、生のおいしさを楽しむメニューに加えて、炒めたり、煮込んだり、揚げたり……と、あたたかいアボカド料理もたくさんご用意しています。アボカドは、加熱するとじゃがいもみたいにほくほくになり、まぐろのトロみたいにとろとろになり、なんともいえない味わいになるんです。

とはいえ、アボカドはフルーツなので、生のアボカドに醤油をかけるだけで十分おいしい。でもそれには、おいしいアボカドを選ばないといけません。アボカドは、慣れるまでは"食べごろ"の果実を選ぶのがちょっと難しい。毎日何百個とアボカドを扱う僕ですが、「これは食べごろ」と思っても、切ってみたらまだ早かった……ということがいまだにあります。

まだ熟れきっていないアボカド、ちょうど食べごろのアボカド、どんなアボカドでもおいしく食べられる1皿——。この本では、そんなアボカド料理をまとめました。難しい料理はありません。毎日のごはんにアボカドを取り入れやすいよう、おなじみのおかずを中心にご紹介しています。

たまに「アボカドに合わない料理はありますか？」と聞かれることがあります。専門店のマスターとして何百種類ものアボカド料理を試作してきましたが、今のところ合わない料理はありません。あれもこれも、アボカドを使うと味も食感も満足度もぐっと高くなります。アボカドのなめらかな食感、とろけるような舌ざわり、クリーミーな味わい。フルーツなのに野菜みたいに使えて、肉や魚みたいな存在感で、栄養や健康・美容効果も最高と、いいことずくめ。男も女も老いも若きも、とろけるものは大好き。サラダだけではないアボカド料理、ぜひはじめてみてください。きっと毎日、食べたくなります。

アボカド屋 madosh!cafe　佐藤俊介

CONTENTS

はじめに…2
本書の使い方…6

CHAPTER 1 〈アボカドの取説〉

知る…8／栄養…9／選ぶ…10／追熟させる…12／むく…14／切る…15／保存する…16

COLUMN 1　メキシコのアボカド畑と毎日の一皿…18

CHAPTER 2 〈アボカドをそのままで!〉

● のせる・かける
20　おかかアボ／ラー油アボ／アボ納豆／アボタルタル
21　レバ刺もどき／あん肝もどき／まぐろもどき
22　アボなめ／アボチャン／アボセロリ／アボから
24　温たまアボ／アボイクラ／ツナバジルアボ／サーモンチーズアボ

● 和える
26　アボカドとオクラの梅肉和え
27　アボカドとかぼちゃのコクうま和え
28　アスパラグリルのアボカルボナーラソース
29　アボカドとバルサミコキャベツのチーズ和え

● サラダ
30　アボカドのとろ〜リシーザーサラダ
31　アボカドたくさんのコブサラダ
32　アボバンジーサラダ
33　アボポテトサラダ
34　アボカドバーガーサラダ
35　アボバーニャカウダ

● 生春巻き
37　基本の生春巻きの作り方
38　[生春巻きアレンジ]
　　いか／まぐろ納豆／かつおのたたき／生ハム&温泉卵／かにかま／スモークサーモン

🥑 ディップ

41 基本のディップの作り方
42 ［ディップレシピ7種］
　　アボカドツナ／アボ味噌ディップ／アボサーモン
　　アボクリームチーズ／アボのり／アボめんたい／グアカモーレ

COLUMN 2 アボカドの種と箱…**44**

CHAPTER 3 〈アボカドをおかずに！〉

🥑 炒める・焼く

46 アボホイコウロウ
48 ポークジンジャーソテー
　　アボオニオンソースがけ
49 サーモンソテー アボタルタルソース

52 アボカドとチキンのグラタン／
　　アボカドとねぎの肉味噌焼き
53 アボカドとえびのチリソース／
　　アボカドときのこのバター醤油

🥑 煮る

56 アボカドと鶏肉の白ワイン煮込み
57 アボラタトゥイユ
60 アボなすと餅の揚げびたし／アボ角煮
61 アボカドとねぎのクリーム煮
64 アボアクアパッツァ

65 アボホル鍋
68 アボミネストローネ
69 アボカドときゅうりの冷たいスープ／
　　アボオニオングラタンスープ

🥑 揚げる

72 アボ天ぷら 梅添え／
　　アボカドのアーモンドスライス揚げ
73 アボ味噌カツ／
　　アボカドとキムチの豚バラ包み揚げ

76 アボカドとモッツァレラの
　　とろ〜リフリット
77 中華風えびの揚げ団子／アボコロッケ

🥑 酒の肴

80 アボカドの明太子和え／アボなめろう

81 アボカドと卵黄の味噌漬け

COLUMN 3 いつものおかずに、入れるだけ。…**84**
　　しらす丼／うな丼／オムレツ／麻婆なす／おでん／ホワイトシチュー

CHAPTER 4 〈アボカドの一皿ごはん！〉

● ごはん

88　アボカド漬けまぐろ丼
89　照り焼きスパムアボカドン
90　アボガパオライス
91　アボカドココナッツカレー
92　アボカドチーズタコライス
93　塩こんぶアボチャーハン
94　牛肉の炙りとアボにぎり寿司

COLUMN 4　アボカドオイル…95

● パスタ

96　アボカドとお刺身の冷たいスパゲティ
97　アボオムナポリタン
98　アボカドとウニのカルボナーラ
99　アボカドとチキンのパスタパエリア

● こなもの

100　ピザアボゲリータ
101　簡単バインミー
102　アボお好み焼き

CHAPTER 5 〈アボカドでドリンク＆スイーツ！〉

● ドリンク

104　アボカドシェイク／フローズンアボガリータ
105　アボカドマンゴースムージー／
　　　カットフルーツのアボミックススムージー

● スイーツ

106　マチェドニア／
　　　アボカドとヨーグルトのジェラート
108　アボカドレアチーズケーキ風

おわりに…110

本書の使い方

・アボカドは、よく熟したもの（適熟）を使っています。
・料理は材料によって作りやすい分量で紹介しています。
・計量単位は、1カップは200cc、計量スプーンの大さじ1は15㎖、小さじ1は5㎖。1㎖は1ccです。
・電子レンジの加熱時間は700Wのものを目安にしています。電子レンジやオーブンは機種によって加熱時間が異なるので、様子を見ながら調理してください。
・レシピ内のオリーブオイルはエクストラバージンオリーブオイル、だしはかつおだしです。

・アボカドの切り方マークの説明は下記の通りです。
まるごと…半分に切って皮と種を取ったものをまるごと
1/4…半分に切って皮と種を取ったものを、さらに半分に切る
さいの目…半分に切って皮と種を取り、包丁でさいの目に切る
縦にくし切り…半分に切って皮と種を取り、縦にくし形に切る
横にくし切り…半分に切って皮と種を取り、横にくし形に切る
縦にスライス…半分に切って皮と種を取り、縦にスライスする
横にスライス…半分に切って皮と種を取り、横にスライスする
斜めにスライス…半分に切って皮と種を取り、さらに4等分して斜めにスライスする
丸くくり抜く…メロンスクーパーなどで果肉を丸くくり抜く
つぶす…フォークなどでつぶしたり、フードプロセッサーなどでペースト状にする
お好みで…好きな形、大きさで

CHAPTER 1

アボカドの取説

森のバター、生命の源、若返りの美容液、天然のサプリ……。魅力的なキャッチコピーの数々。でもこれ、決して誇大表現じゃありません。アボカドには、そう言われるだけのおいしくてヘルシーな効果がたくさん！ 一度食べればもうトリコ。毎日食べれば、おいしくて幸せ。気づけば元気になっている。そんなアボカドを、まずは存分に知ってください。

知る

チョコレート色の、ころんとした卵形。
一度食べたらハマるなめらかさ。
野菜のように使えるフルーツです。

薄いクリーム色の果肉は「森のバター」
毎日食べたい、天然の美容液！

アボカドは、フルーツです。そのおいしさは、コクのあるクリーミーな食感。果肉の20％は脂肪分で、「森のバター」としてもよく知られています。味にクセがないのでどんな食材や調味料とも相性がよく、料理のアレンジも自在。日本の伝統調味料にもよく合います。原産地は中南米で、世界最大の産地はメキシコ。日本で流通しているアボカドの99％が輸入品で、そのうちのほとんどがメキシコ産。一部、チリ、ニュージーランド産のものも流通しています。品種は1000以上ありますが、日本に出回っているのは味がよく、輸送に耐えられる堅い皮を持つ「ハス」種。まだ青いうちに収穫され、徹底した温度管理のもと、収穫から1ヵ月くらいで日本の食卓へ届きます。アボカドはクスノキ科の常緑中高木で、果実は1年を通して手に入ります。9〜翌1月ごろにとれたアボカドは脂肪分が安定しないものも多いのですが、2〜7月ごろになるとよく熟したものが出回ります。そしてなんといっても、注目は栄養価の高さ。可食部だけで約187kcalとご飯1杯分のカロリーがありますが、脂質のほとんどは不飽和脂肪酸なのでコレステロールの心配はありません。ビタミン類、食物繊維などを多く含み、健康・美容効果の高いフルーツとして注目されています。

アボカドの基本情報

【学名】Persea americana Mill.
【英名】Avocado, Alligator-pear
【和名】ワニナシ（鰐梨）
【原産】中南米
【見た目】こげ茶色、約10cmの卵形

栄養

健康になって、きれいになって、ダイエットにもなる。
小さな果実につまったすごいチカラ。
毎日1/2個を目安に食べてみてください。

1 栄養価は高く、ダイエットにも最適!

果肉の2割を占める脂肪分はオレイン酸などの不飽和脂肪酸でLDL（悪玉コレステロール）を減らす効果が。コレステロールの吸収を押さえるβシステロール、脂肪を燃焼させるセレニウムも豊富でダイエットにも◎。

2 高血圧を予防して生活習慣病にオサラバ!

アボカドに含まれるカリウムは体内の余分な塩分を排出してくれるので、動脈硬化を引き起こす高血圧や心筋梗塞などの予防にもなります。外食が多い人、塩分摂り過ぎが気になる人にはうれしいフルーツです。

3 ビタミン類たっぷり!美肌にききます

血行促進や抗酸化作用のあるビタミンE、C、Aの相乗効果でアンチ・エイジング効果も。不足しがちな鉄分やカルシウム、お肌の老化防止効果のあるコエンザイムQ10も多く含まれます。まさに食べる美容液!

4 食物繊維がすごい!デトックス効果も

アボカド1個に含まれる食物繊維はさつまいも2本分とも言われます。便秘を解消し、おなかの中からスッキリ。また、グルタチオンという解毒効果のあるペプチドの一種も豊富で、肝機能強化、デトックス効果も。

5 ビタミンB群は元気のもと!

気になる生活習慣病を予防するビタミン類を多く含むアボカド。特に動脈硬化やがん予防、疲労回復に効くビタミンB群がたっぷり。つやのある皮膚や髪を作るビタミンB6も豊富に含まれています。

選ぶ

食べごろのはずなのに、切ってみたら「あら?」。
そう、アボカド選びはちょっとスリリング。
まずはおいしい見分け方をチェック!

おいしい味を知るとやみつき!
まずは皮と堅さを見て

切ってみたらまだ青かったり、見た目は適熟なのに筋ばっていたり。厚い皮に覆われたアボカドは、おいしく熟した果実を選ぶのが難しい……と、あきらめるのはまだ早い! 見た目で分かるおいしいポイントがあります。一番分かりやすいのは皮の色。日本でおもに流通しているハス種は、熟すと皮の色が緑からこげ茶になります。実にハリがあって、皮が茶色くなったら食べごろサイン。でも、見た目だけだと「だまされた!」ということも多いので、必ず実をさわってやわらかさを確認して。そのうちに、アタリに出合える確率も高くなります。お店によって青い未熟果が中心だったり、買ってすぐに食べられるものが中心だったりと、品揃えもいろいろ。保存状態も違うので、自分にとって買いやすい果実が多いお店を日頃からチェックしておくのも手です。

GOOD! 浮いている感じ

へたを見る

皮がチョコレート色のものを見つけたら、へたをチェック。へたのまわりが乾燥して、皮から少し浮いているような感じが食べごろ。へたのまわりがぶよぶよしているものは実が酸化して黒ずんでいたり、菌が入っている場合も(傷んだところを取れば食べられます)。

GOOD! 手に吸いつく感じ

さわってみる

そっとにぎると、果実全体が手にしっとりと吸いつくような感じ、アボカドがそっと押し返してくるような感じが、食べごろサイン。まだ青いアボカドには堅さがあります。一部分だけがやわらかいものは、ぶつかって傷んでいる場合もあるので、要チェック。

未熟

皮は緑色で果肉は堅い。まだ脂肪分が少なく、苦みやえぐみがあります。切って青かった場合は、加熱調理したり、スムージーに使うのがおすすめ。

適熟

GOOD!

色つやがよく、実にハリがあり、皮はチョコレートみたいなこげ茶色。果肉はしっとりとした弾力があります。脂肪分がのっておいしい状態。

過熟

皮は黒く、ハリがなくてしわが多く、果肉はやわらかい。果肉の繊維束が黒ずみ、味も落ちます。かび（写真の実の白い部分）が生えることも。

NOT GOOD!

傷やぶつけられたもの
収穫時や輸送時にぶつかってうちみになった部分はやわらかくなり、そこから劣化することがあります。傷がある場合は異物が入って果肉が劣化している可能性も。なるべく傷がないものを。

NOT GOOD!

皮に小さな穴があるもの
切ってみると写真のように穴から虫が入った通り道ができていることがあります。まるごと使いたい時はちょっと残念ですが、この部分だけカットすれば、スムージーやディップなどに使えます。

追熟させる

お店で売っているものすべてが食べごろとは限りません。
「少し早いかな?」と思ったら、おうちで追熟を。
おいしくなるのをちょっとだけ待ってみてください。

おいしいアボカドを食べるには
タイミングが大事!

アボカドは、収穫した瞬間から熟成が始まります。よく熟した果実はねっとりとして本当においしい。一方で、未熟果は脂肪分が少なく苦みもあります。「アボカドは苦手」という人は、もしかしたら未熟果を食べていたのかもしれません。アボカドは収穫時期によって脂肪分の量が変わるので、食べごろになるよう卸売業者や小売店が追熟(熟すまで適温におくこと)させています。スーパーなどで、あえて未熟果を買い、自分好みに追熟させるのも手です。追熟には適温が大事。温度変化のない20℃前後の場所で1~3日おいて追熟させます。

アボカドの旬……アボカドは買う時期も重要。日本に流通するメキシコ産の、いわゆる"新アボカド"は、収穫後、日本へは9~翌1月にかけて到着します。この期間の果実は熟し方に個体差があり、脂肪分が少ないものもあるので、追熟法を知っておくと便利です。脂肪がのりきったおいしい時期は2~7月。この期間が、日本でのアボカドの旬とされているようです。

20℃前後で
1~3日おくと…

バナナと
同じ
追熟果実!

まだ早い

食べごろ!

追熟のしかた

タオルをかけて

お店では、その日すぐに食べられる状態のものを青果店から仕入れていますが、まだ青いものが入っていた場合は、箱ごとタオルで包んで、エアコンが当たりすぎない場所に置いています。20℃に設定した電気毛布にくるんで追熟させることも。

冷蔵庫の上

温度が一定に保たれる場所の代表格。重ねたタオルなどやわらかい布の上に置きます。アボカドは下から徐々に熟してきます。熟した方がつぶれてくるので、時々、アボカドを転がしてあげて。冷蔵庫の上でもエアコンの風が当たると温度変化が大きいので不向きです。

りんごといっしょに

アボカドを、エチレンガス（果実や野菜が放出する熟成ホルモン）を多く発生させるりんごといっしょに紙袋などに入れておくと、熟成が早まります。りんご1個に対しアボカド1〜2個が目安。

追熟を止める
適温は4〜5℃。4℃以下で冷蔵保存はNG！

アボカドの輸送は、追熟が進まないように4〜5℃を保って行われるそうです。4℃を下回ると低温障害で実が黒ずんでしまうそう。食べごろのアボカドをもう少し保存しておきたい時は、4〜5℃の環境、または、4℃を下回らない野菜室などに。追熟が止まり、そのままの状態で2〜3日キープできます。ただし、なるべく早く食べましょう。

むく

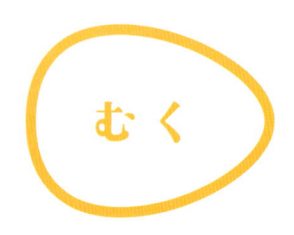

種が大きなアボカドはむき方にも少々コツが必要。でもとても簡単！誰でもきれいにむけてしまいます。果肉は水洗いする必要はありません。

1 アボカドを縦半分に切るように包丁を入れる。強く押しすぎてつぶさないように。

2 刃が種に当たったら、そのままアボカドを一回転させ種のまわりに切り込みを入れる。

3 切り込みを入れた実を両手でそっと持ち、それぞれ反対方向へねじる。

4 実をそっとはなして半分に割る。この時、種はどちらか一方についている。

5 包丁の角を種に刺し、軽くひねるようにして種を取る。

6 はしから皮をつまんでむく。むきにくければ、半分に切ってからむいても。

切る

アボカドは厚さで食感が変わります。
やわらかい食材と合わせる時は薄めに切ります。
料理に合わせてお気に召すまま切ってください。

1/2まるごと

1/2に切って皮をむくか、適熟ならスプーンなどですくうときれいに取れます。煮込み料理などアボカドの形をそのまま楽しむ時に。

皮もうつわに!
好みの食材を入れれば小粋なオードブルに！

くし形

皮と種を取った1/2のアボカドに縦、または横に刃を入れてくし形に。フライや鍋もの、もう一品をさっと作る時にもオススメです。

アボカド・カッター

カッターを皮と実の間に入れ、手前にひくだけでくし形に。少しコツが必要ですが、熟したアボカドには便利！

丸くくり抜く

「メロン・ポテトスクープ」を使えば、ころんとした形に。スクープを果肉に押し込んでひっくり返すだけ。果肉が少なくなったら、スクープでかき集めれば無駄なく丸い形にできます。

スライス

半割りをさらに半分（つまり1/4）に切ったアボカドに縦、横、斜めと好みの形・厚さにスライス。生春巻きもスライスして使います。

スプーンでも！
スプーンで果肉を薄くすくえば、ざっくりスライス風に。

さいの目

どんな料理にも合う切り方。皮をむいて切るのもいいし、皮つきのまま切り目を入れれば、まな板が汚れず便利。手を切らないよう、慣れないうちはアボカドの下にふきんを敷くと安心。

15

保存する

こう見えてデリケートなアボカド。
保存のコツを覚えていつでもおいしく!

冷蔵庫で追熟ストップ!
切ったあとはお早めに

食べごろのアボカドがまるごと余ってしまった場合。そのまま置いておくと、どんどん熟してやわらかくなってしまいます。おいしい状態をキープするなら冷蔵庫へ。2〜3日はそのままの状態を保つことができます。また、切ったアボカドは、ほうっておくと切り口が黒く変色します。りんごが茶色くなるのと同じで、アボカドに含まれるポリフェノールが空気に触れて酸化し、褐変(褐色に変化)するからです。変色すると風味は落ちますが、食べても問題ありません。ただ、やっぱり見た目はいまひとつ。すぐに食べたり、調理する時以外は、レモンやライム果汁をふって色止めを。変色しやすいので、アボカドは最後に料理するのがオススメです。ちなみに、「種をつけておくと黒くならない」と聞きますが、やっぱり黒くなってしまいます。変色防止には、とにかく空気に触れないようにすること。でも一番は「すぐに食べる」です!

まるごと保存する

新聞紙にくるんで保存

そのまま冷蔵庫に入れてもいいのですが、乾燥しがちな庫内では、皮とへたの間にすき間ができたり、へたの周辺から傷んでくることも。アボカドが乾燥しすぎないよう、濡れた新聞紙に包み、さらにビニール袋に入れて冷蔵庫に入れると、4〜5日、味が落ちないよう保存することができます。

余ったアボカドを保存する

種はつけたまま

半分は別の日に食べたいという時は、レモンやライム果汁をふって、種付きのままラップをし、さらにジッパー付きの袋に空気を抜きながら入れて冷蔵庫へ。これで2〜3日は持ちます。

冷凍する時はスライスで

スライスしてレモンやライム果汁をふり、ラップで包んでジッパー付きの袋に入れておけば冷凍保存できます。自然解凍してスムージーなどに使っています。ピューレ状にしても冷凍可能。

変色止め

切ったらすぐレモンを!

空気に触れた瞬間から、早速、変色が始まるアボカド。調理や食べるまでに時間がある時は、レモンやライム果汁をふって変色防止を。レモンやライム果汁は天然の酸化防止剤。それぞれに含まれるアスコルビン酸（ビタミンC）の還元作用で、褐変をある程度まで防ぐことができます。食べる美容液のアボカドにビタミンCたっぷりのレモン果汁をかければ、最強の美肌フルーツかも!?

> すっぱさが苦手なら、レモンよりライムがおすすめ。アボカドにレモンやライムの味をつけたくない時は、果実に空気が触れないようにしっかりラップをして保存を。

COLUMN 1

メキシコのアボカド畑と毎日の一皿

見渡す限りの
アボカド畑！
収穫も大変です。

世界最大のアボカド産地はメキシコですが、中でも中西部、ミチョアカン州のウルアパンは世界の生産量の3割以上を占めています。寒暖の差が大きな、標高1300～2350mの畑でアボカドは育っています。木の高さは5mほどですが、中には25m近くになるものも。高い木に連なるように実るので収穫も大変です。果実は1000花に1つ程度しか結実しないとも言われています。収穫されたら徹底した温度管理のもと、日本へと旅立ちます。ちなみに、日本に流通している99％は輸入品ですが、和歌山県などでも栽培されています。

写真提供：IPM西本

どこもかしこも
グアカモーレ！
毎日の定番です。

現地でのポピュラーな食べ方は、切ったアボカドに塩をふったもの。ステーキハウスなどでもくし形に切ったアボカドがお肉と一緒に供されるのだとか。そして、もう一つの人気がグアカモーレ（ワカモレ）。つまり、アボカドのディップ。メキシコの食卓にも毎日といっていいほど出てくるし、農園でもグワカモーレとトルティーヤチップスをつまみにビールを飲む光景がよく見られるそう。生のアボカドはつぶせばペーストになるので、離乳食にもぴったり！

CHAPTER 2

アボカドを そのままで!

アボカドのおいしさを味わうなら、まずは生で。生まれたまんまの、生のアボカド(お店では"Naked Avocado"（ネイキッド アボカド）と呼んでいます!)は味にくせがなく、合わせる食材や調味料次第でめくるめくアボカドの世界が堪能できます。アボカドは洗わなくてOKだから、切って、かけて、和えて、すぐにテーブルへ。口いっぱいに広がるまろやかさをお楽しみください!

のせる かける

のせて、かけるだけのシンプルレシピ。
簡単なのに、ちょっと素敵です。

- おかかアボ
- ラー油アボ
- アボ納豆
- アボタルタル

横にくし形 + おかか醤油

おかかアボ

相性のいい醤油でさっぱり味。ご飯にも合う!

◎ 作り方
アボカドを横にくし形に切り、かつお節と醤油をかけ、芽ねぎなどを散らす。
POINT オリーブオイルを少したらすと、おかかや醤油の風味が引き立ちます。

縦にくし形 + 食べるラー油

ラー油アボ

アボカドとラー油のコクが絶妙にマッチ!

◎ 作り方
アボカドを縦にくし形に切り、市販の食べるラー油をかける。お好みで、糸唐辛子などを飾る。

さいの目 + 納豆

アボ納豆

とろとろ&ねばねばの食感にやみつき。

◎ 作り方
アボカドをさいの目に切り、醤油を加えてよくかき混ぜた納豆、たまねぎのスライス、からしを適量盛り、青のりをふる。

丸くくり抜く + タルタルソース

アボタルタル

マヨネーズとの相性は最高。

◎ 作り方
アボカドを丸くくり抜いて皿に盛り、市販のタルタルソースをかける。お好みでレモンやパクチーを飾る。
POINT タルタルソースにツナを混ぜ込むと食べごたえがアップします。

アボカドがあの味に!

もどきレシピ

調味料との組み合わせで楽しむ、自慢の"刺身もどき"3種セット。
アボカドだから、痛風や糖尿病など健康が気になる人も安心!
完全に熟したアボカドを使うと、より本物っぽい味が楽しめます。

1 レバ刺もどき
レバ刺しが恋しい時に!

◎ 作り方
アボカドを刺身くらいの厚さにくし形に切り、しょうが、おろしにんにく、白髪ねぎ、トレビス(またはレタス)を添える。

2 あん肝もどき
まさに海のフォアグラ!

◎ 作り方
アボカドを刺身くらいの厚さにくし形に切り、ポン酢を適量かける。小ねぎを散らし、紅葉おろしを添える。
POINT 新潟名物の辛味調味料「かんずり」もよく合います。

3 まぐろもどき
トロのような食感!

◎ 作り方
アボカドを刺身くらいの厚さに縦にくし形に切り、醤油を適量かけ、わさびや大葉、大根おろしを添える。
ARRANGE オリーブオイルをかけるとカルパッチョ風になります。

とりあえずの一皿。

調理時間5分未満！
おつまみにもぴったり。

斜めに スライス + なめたけ

アボなめ

意外な組み合わせですが、
とろとろ感が絶品！

◎ 作り方
斜めにスライスしたアボカドに市販のなめたけを好みの量かける。

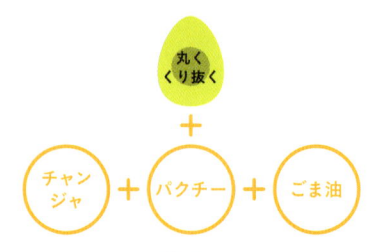

丸く くり抜く
+
チャンジャ + パクチー + ごま油

アボチャン

ピリ辛味とごま油の香りに
ついつい食べ過ぎちゃいます。

◎ 作り方
丸くくり抜いたアボカドに、ごま油を適量かける。チャンジャ（またはキムチ）、粗いみじん切りにしたパクチーをお好みの量盛る。

さいの目 + アンチョビ + セロリ

アボセロリ

しゃきしゃき、とろりな食感。
白ワインのおともに。

作り方
1cmのさいの目に切ったアボカドとセロリ、アンチョビ（アボカド1/2個に対し1枚をきざんでペースト状にしたもの）、オリーブオイル、レモンの絞り汁を和える。

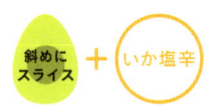

斜めにスライス + いか塩辛

アボから

ツウ好みの味わい。
日本酒にも合います。

作り方
斜めにスライスしたアボカドに、市販のいかの塩辛をかける。いかの塩辛は塩分によって分量を調整する。お好みでゆずの皮などをのせても。

アボカドをうつわに。

種のくぼみに具を入れるだけで、
素敵なオードブルのできあがり。
スプーンで混ぜながら食べます。

(温泉卵) + (マッシュルーム)

温たまアボ
黄身をまとったアボカドは幸せすぎ！

○ 材料
アボカド…1/2個（皮つき）
温泉卵…1個／マッシュルーム…1/2個
岩塩（または塩）、黒こしょう、セルフィーユ
…各適量

○ 作り方
① アボカドは種を取り、くぼみに温泉卵を割り入れる。
② スライスしたマッシュルームをのせ、岩塩と黒こしょうをふり、セルフィーユをのせる。

(イクラ) + (ラディッシュ) + (わさび)

アボイクラ
くぼみにイクラたっぷりでパーティ仕様。

○ 材料
アボカド…1/2個（皮つき）
イクラ…大さじ1〜2
ラディッシュ…スライスを2〜3枚
醤油、オリーブオイル、わさび、芽ねぎ
…各適量

○ 作り方
① アボカドは種を取り、くぼみにイクラを入れる。
② 醤油とオリーブオイルをたらし、ラディッシュとわさび、芽ねぎをのせる。

ツナ + バジル + マヨネーズ

ツナバジルアボ

ツナ缶でささっと即席オードブル。

材料
アボカド…1/2個(皮つき)
ツナ、マヨネーズ…各大さじ1
バジルの葉…2枚
オリーブオイル、オリーブの実…各適量

作り方
① バジルの葉1枚を小指の爪くらいのサイズにちぎり、ツナ、マヨネーズと和える。
② アボカドは種を取り、くぼみに①を入れる。オリーブオイルを適量かけ、バジルの葉、スライスしたオリーブをのせる。

スモークサーモン + クリームチーズ

サーモンチーズアボ

コク×コクでおいしさも山盛り。

材料
アボカド…1/2個(皮つき)
スモークサーモン…20〜30g
クリームチーズ…20〜30g
塩、黒こしょう、レモン、ディル…各適量

作り方
① スモークサーモンとクリームチーズをそれぞれきざんで、和える。
② アボカドは種を取り、くぼみに①を入れて塩、黒こしょうをふる。レモンとディルをのせる。

和える

アボカドとオクラの梅肉和え

さいの目

冷や奴にのせたり、納豆と和えても。
日本酒にもよく合うので、晩酌のおともにも。

◎材料（2人分）
アボカド…1/2個
オクラ…4本
梅干し…2〜3個
醤油…大さじ2〜3
ごま、のり…各適量

◎作り方
① アボカドは皮を向いてさいの目に切る。オクラは1％の塩を入れた湯（分量外）でさっと湯がいて輪切りにする。
② 梅干しは種を取り、手で小さくちぎって①と醤油と合わせ、ごまを加えて和える。器に盛り、手でちぎったのりをのせる。

アボカドとかぼちゃのコクうま和え

さいの目

ヨーグルトベースの味つけでさっぱり食べられる、ほっくりサラダ。
彩りもきれいなので、パンに塗ったり、ワンプレートごはんに添えても。

材料（2人分）
アボカド…1/2個／かぼちゃ…1/4個
干しぶどう…10g
A [ヨーグルト…大さじ2
　　マヨネーズ…大さじ2／塩…ひとつまみ
塩、黒こしょう…各適量
ラディッシュ、セルフィーユ…お好みで

作り方
① アボカドはさいの目に切る。
② かぼちゃは皮をむき、種とわたを取って一口大に切る。さっと湯がき（または電子レンジでやわらかくする）、熱いうちにフォークなどでつぶす。
③ かぼちゃの粗熱が取れたら①と干しぶどう、Aを混ぜ合わせ、塩、黒こしょうで味を調える。
④ 器に盛り、お好みでスライスしたラディッシュとセルフィーユを散らす。

POINT
アボカドの形で味が変わります。
さいの目切りならアボカドの食感が楽しめ、かぼちゃと一緒につぶせば、よりクリーミーな味になります。

アスパラグリルのアボカルボナーラソース

さいの目

味にくせがないアボカドは、実はソースの具にもぴったり！
このソースはパスタや鶏のソテーなどのグリル料理にもよく合います。

○ **材料（2人分）**
アボカド…1/2個／プチトマト…1個
アスパラガス…緑と白を各2本
A ┌（ソース）
　│卵…1個／塩…ひとつまみ
　│グラナパダーノチーズ…大さじ2（1cm角）
　│（なければパルミジャーノチーズ）
　└オリーブオイル…大さじ4〜5
オリーブオイル、黒こしょう…適量

POINT
ソースは濃度が大事！
かけた時にソースがよくからむよう、とろっとするまで弱火でゆっくり加熱します。

○ **作り方**
① アスパラガスは根元の堅い部分をカットし、ハカマを取る。さっと湯がいて、オリーブオイルを引いたフライパンまたはグリルで焼き色がつくまで焼く。
② アボカドは5mmのさいの目に切り、プチトマトは4等分にする。
③ Aを混ぜ合わせ、フライパンで弱火でゆっくり加熱する。とろりとしてきたらアボカドとプチトマトを加え、崩れないようゆっくり混ぜる。
④ 器に①を盛り、③をかけ、黒こしょうをふる。

アボカドとバルサミコキャベツのチーズ和え

丸く
くり抜く

とろっとしたアボカドとしゃきしゃきキャベツの食感がマッチしてやみつきに。
バルサミコの甘酸っぱさをチーズの塩味が引き立てます。

材料（2人分）
アボカド…1/2個
キャベツ…アボカドと同量
バルサミコ酢…100〜120cc
塩…小さじ2
オリーブオイル…適量
グラナパダーノチーズ…お好みで
（なければパルミジャーノチーズ）

作り方
① アボカドは丸くくり抜く。
② キャベツは千切りにする。塩もみし、水気をよく切っておく。
③ バルサミコ酢をフライパンに入れて中火にかけ、どろっとするまでフライパンをゆすりながらアルコールを飛ばす。
④ ①〜③を和え、器に盛る。お好みでグラナパダーノチーズをふる。食べる直前に香り付けにオリーブオイルをかける。

POINT
箸休めにも！
塩もみキャベツ＋バルサミコ酢で簡単ザワークラウト風。肉料理の付け合わせにもぴったりです。

サラダ

アボカドのとろ〜りシーザーサラダ

チーズとアンチョビの濃厚ソースが、しゃきしゃきレタスと
ねっとりしたアボカドに絶妙にマッチ。野菜がもりもり食べられます。

斜めに
スライス

◎ 材料（2人分）
アボカド…1個／レタス…1/2個
プチトマト…1個／温泉卵…1個
トルティーヤチップス…1枚
（なければクルトンなど）
ディル…お好みで
　　（ドレッシング）
　　アンチョビ…1枚（きざんでおく）
　　半熟卵（または生卵）…2個
　　白ワインビネガー…大さじ2
A　グラナパダーノチーズ…大さじ2
　　（なければパルミジャーノチーズ）
　　タバスコ…大さじ1
　　にんにく…1/2かけ（すりおろす）
　　サラダ油…適量

◎ 作り方
① アボカドは薄く斜めにスライスする。
② Aをフードプロセッサーで混ぜ合わせる。
③ レタスを器に盛り、アボカドの半分をレタスの間にはさみ込む。4等分したプチトマトを散らす。
④ レタスの横に温泉卵を添え、②をかける。
⑤ 残りのアボカドをレタスの上にのせ、砕いたトルティーヤチップスを散らす。お好みでディルを飾る。

アボカドたくさんのコブサラダ

さいの目

切って和えるだけなのに、おもてなしにもぴったりのはなやかサラダ。
ベーコン入りで食べごたえあり。フルーツを使えばデザートサラダに！

材料（2人分）
アボカド…1個／トマト（大）…1個
きゅうり…1/2本
ブロックベーコン…100〜150g
ゆで卵…2個／ディル…お好みで
A ［（オーロラソース）
　　マヨネーズ、ケチャップ…各大さじ5］

作り方
① アボカドは1cmのさいの目に切る。
② トマト、きゅうり、ソテーしておいたベーコン、ゆで卵は、それぞれアボカドと同じくらいのさいの目切り、または乱切りにする。
③ ①と②を合わせて器に盛り、Aのオーロラソースをかけ、お好みでディルを飾る。

POINT

定番！ オーロラソース
すりおろしたにんにくを加えるとコクが出て、野菜のうま味をたっぷり味わえます。

実はアメリカ料理！
コブサラダ（Cobb salad）の"コブ"は人の名前。ハリウッドのレストランオーナー、ロバート・H・コブさんが1937年に考案したまかないレシピが評判を呼び、今ではアメリカの人気料理に。必ずアボカドが使われるので、アボカド料理の定番になりました。

アボバンジーサラダ

濃厚なごまだれとアボカドが、あっさりした鶏肉に味のボリュームを出してくれます。
冷やした麺の上にのっければ、夏にぴったりのバンバンジー冷麺に。

横にくし形

○**材料**（2人分）
アボカド…1個
鶏胸肉…1枚
トマト（大）…大1個
きゅうり…2本
塩…小さじ2
かいわれ大根、糸唐辛子…お好みで

A ┌ （バンバンジーだれ）
　│ 醤油…大さじ3
　│ 豆板醤（トウバンジャン）…大さじ1
　│ 芝麻醤（チーマージャン）（またはごまペースト）…大さじ3
　│ 米酢（または酢）…大さじ3
　│ にんにく…1/2かけ（すりおろす）
　└ しょうが…1/2かけ（すりおろす）

○**作り方**
① 鶏胸肉は皮を取る。
② 鍋に湯2〜3ℓ（分量外）を沸かし、①と塩を入れる。すぐに火を止め、40分程度つけておく。
③ 肉が余熱でやわらかくなったら取り出す。冷蔵庫で冷やし、1cm幅にスライスする。
④ アボカドは横にくし形に、トマトは横にスライス、きゅうりは千切りにする。
⑤ 器にトマトを並べ、その上に③とアボカドを交互に盛りつける。周りにきゅうりを添え、Aをかける。お好みで、かいわれ大根と糸唐辛子をのせる。

アボポテトサラダ

香味野菜やくん製卵など、熟成した香りが食欲をそそる大人のポテサラ。
アボカドとしめ鯖を使えば、サラダ、おかず、おつまみが一皿で完結します。

さいの目

材料（2人分）

アボカド…1個
じゃがいも…2個
しめ鯖…1/2切れ
くん製卵…2個
A ┌ マヨネーズ…大さじ5
　├ 塩…小さじ2
　└ 醤油…小さじ1
粗びき黒こしょう…ひとつまみ
わけぎ、しょうが…お好みで

作り方

① じゃがいもは竹串がすっと入るくらいにゆで（10〜15分）、皮をむいて1.5〜2cmのさいの目に切る。
② アボカドはじゃがいもと同じ大きさのさいの目に、くん製卵はくし形に切り、しめ鯖は1cm幅にスライスする。
③ ボウルに②を合わせ、Aを加えて、アボカドが崩れすぎないように混ぜ合わせる。器に盛り、上から粗びき黒こしょうをふる。お好みでわけぎとしょうがを飾る。

アボカドバーガーサラダ

おいしいけれど、ちょっぴり食べにくいアボカドバーガー。そこですべての具を
さいの目にカットしてサラダ風にしました！1つのハンバーガーも皆でシェアできて楽しい！

斜めに
スライス

●材料（2人分）
アボカド…1/2個／トマト（大）…1個
ベビーリーフ…1/2パック
きゅうりのピクルス…3〜4本
スライスチーズ…2枚
ハンバーガー用のバンズ…1個分
（なければマフィンなど）
サラダ油、ケチャップ…適量
Ⓐ（ハンバーグの材料）
合びき肉…200ｇ／卵…1個
パン粉…大さじ3／たまねぎ…1/2個
塩、こしょう、ナツメグ…各適量

●作り方
① Aを混ぜ合わせる。熱したフライパンにサラダ油を引き、中火で両面を焼いたら、ふたをして弱火にする。10分程度焼いて中まで火が通ったら、一口大に切る（ハンバーグは市販のものでも可）。
② アボカドは斜めにスライス、トマトはさいの目に切り、ピクルスは縦に4等分にする。スライスチーズは適当な大きさにちぎり、バンズは2cm角に切る。
③ ベビーリーフ、①と②を和えて器に盛り、お好みでケチャップをかける。

POINT
女性も食べやすい！
ボリュームのあるハンバーガーの具を細かく切りました。口の中でアボカドバーガーの味が完成！

アボバーニャカウダ

アボカドを入れるとソースがとろっとするので野菜につけやすくなります。
アボカドの甘さとまろやかさでひと味違う味に！

つぶす

◎材料（2人分）
アボカド…1/2個
アンチョビ…2枚
にんにく…2かけ
牛乳…100cc
オリーブオイル…大さじ5〜6
塩、こしょう…各適量
生野菜…お好みで

◎作り方
1. にんにくは芯を取ってラップで包み、レンジでやわらかくする。
2. アボカドはさいの目に切る。アンチョビは包丁で細かくたたく。
3. 小鍋にオリーブオイルを熱し、にんにくとアンチョビ、牛乳を入れ、弱火でじっくり温める。
4. アボカドを加え、木べらでにんにくとともにつぶし、とろみがつくまで煮込む。塩、こしょうで味を調え、生野菜につけていただく。

POINT
粒感を残します！
アボカドは、つぶしすぎず、少し形が残るくらいのほうがおいしいです。

生春巻き

まっすぐ切ったり、斜めに切ったり、一口サイズに輪切りにしたり。生春巻きはカットして、断面が見えるように盛りたいもの。切る時は、一気に押し切りしてください。包丁を水で濡らしてから使うと、ライスペーパーがくっつきすぎず切りやすくなります。でも、大雑把に巻いても、切っても、色鮮やかにおいしそうに見えるのが生春巻きの素敵なところ。あまり気にしすぎず、自分流で作ってみてください。

野菜たっぷりの生春巻き。
キレイに巻くコツ!

ベトナムを旅した時、ふと、
「アボカドが入っていたらおいしいかも」と
思いたち、作ってみました。スライスしたアボカドが
うろこ状に見えるように巻いています。
ちょっとしたコツで見た目も美しくなり、
おもてなしにもぴったり!

> 当店自慢の
> アボ春巻き。
> アボカドがきれいな
> うろこ状に見えます。

／ 基本の生春巻きの作り方 ／
アボカドを切る
スライスした後、「バラバラにせずそのまま」が大事!

アボカドを皮つきのまま8等分にする(1/2を縦半分に切り、さらに縦半分に切る)。

皮をむく。

斜めに2〜3mm幅にスライスする。

春巻き用アボカドのできあがり!

春巻きを巻く
アボカドがつぶれないよう、"いい加減"の力加減がコツ。

ライスペーパーの中央より上に、バラバラにならないようにアボカドをのせる。

中央より手前に具を横長にのせる。最初に野菜、その上にメインの食材を。

気持ち手前に引きながら、空気を抜くようにきゅっと1〜2巻きする。

／ ライスペーパー ／

直径22cmのもの。ぬるま湯または水で戻して使います。

アボカドをそっと指で押さえながら巻き込む。

ライスペーパーを数cm残した状態で、左右を内側に折りこむ。

最後に一巻きして完成。アボカドがきれい!

生春巻きアレンジ

お店の人気メニューをご紹介。海鮮系が中心ですが、蒸し鶏でもおいしいし、アボカドにボリュームがあるので野菜だけでもおいしくいただけます。
食材の分量やのせ方は切った時にきれいに見えるようにしています。参考にしてみてください。

◎ **基本の材料**
生春巻きの皮…1枚
アボカド…1/8個
サニーレタス…小さめに
ちぎったもの2〜3枚
たまねぎ、きゅうり、
にんじんなどはお好みで

いか

サニーレタス＋にんじん＋いか

刺身用のいかそうめんを使います。
大葉の千切を加えると、香りもいい！
[つけだれバリエ]
ナンプラー＋レモン汁でエスニック風に。

まぐろ納豆

サニーレタス＋大葉＋納豆＋まぐろ＋ねぎ

納豆は小粒のものがオススメ。
残り物の刺身でもおいしく作れます。

かつおのたたき

サニーレタス＋かつお＋たまねぎ＋しょうが＋にんにく

口いっぱいに広がる香味野菜の風味が上品！
たまねぎは水にさらして辛味を取って使います。

つけだれの基本は「わさび醤油」

生春巻きの定番はスイートチリソースですが、中華だれやオーロラソースなどでもおいしい。お店の定番は、食材のおいしさを引き立てるわさび醤油。さっぱり味で、いくつでも食べられます。

生ハム&温泉卵
生ハム＋温泉卵＋オリーブオイル

生ハム、温泉卵、スプーンで適当な大きさにすくったアボカドをのせ、オリーブオイルをかけて上下左右を折りたたみます。

かにかま
レタス＋かにかま＋にんじん＋きゅうり

リーズナブルな食材なのにちょっとごちそうに見えるのもうれしい！

［つけだれバリエ］
わさび醤油にちょっとマヨネーズを足すと、かにかまとの相性◎。

スモークサーモン
サニーレタス＋スモークサーモン＋たまねぎ

断面のオレンジ色も鮮やか。イクラを入れて親子巻きすれば見た目もよりはなやかに。

［つけだれバリエ］
マヨネーズ＋わさび。ツン！と来るわさびであと味もさっぱり。

ディップ

こっくり濃厚！アボカドディップ

とろとろアボカドのクリーミー感を満喫するなら、やっぱりディップ。
アボカドは、よく熟したものを使うと、よりコクが出ておいしいです。
とりあえずの一皿にも、もうちょっと食べたい時の一皿にも。

基本のディップの作り方

シンプル！アボカドディップ

アボカド
1/2個

レモン汁
大さじ1

塩
ふたつまみ

レモン汁がたっぷり入りますが、アボカドのマイルドな味で酸っぱくなりすぎません。

材料はすべてフードプロセッサーで混ぜてペースト状に。または、アボカドはさいの目に切って木べらなどで粒が残るくらいにつぶせば食感が楽しめます。レモンには変色止め効果も。基本のディップに好きな食材を合わせるだけで、バリエーションが広がります。

＋

お好みの食材

付け合わせいろいろ！

ソフトせんべい
バゲット
トルティーヤチップス
野菜チップス
野菜スティック

定番は野菜スティック。ディップがあれば野菜ももりっと食べられます。バゲットにひと塗りして、みじん切りにした野菜やフルーツをのせれば簡単カナッペに。意外と合うのがソフトせんべい。ディップをつけると塩分がほどよくまろやかになります。もちろん、ディップをサラダや白いご飯にのっけてもおいしい！

ディップレシピ 7種

アボカドと好きな食材を
フードプロセッサーで混ぜるだけ。
分かりやすいようにメインの食材を
ディップの上にちょっと飾れば、
あとは好きなディップ目がけて手を伸ばすのみ！

POINT

フードプロセッサーがない人は木べら
などでつぶしてもOK。アボカドはやわ
らかいのでつぶしやすいです。

アボカドツナ

間違いのないゴールデンコンビ。
ツナ缶を使う時は、油をよく切ってから。

◎ 材料
アボカド…1/2個／レモン汁…大さじ1
ツナ…大さじ1／塩…ふたつまみ
こしょう…少々

アボ味噌ディップ

カリフォルニア「アボカド フェスティバル」
（2007）で2位受賞の一品を簡単に！

◎ 材料
アボカド…1/2個
味噌…小さじ1
マヨネーズ…小さじ1
レモン汁…小さじ1

アボサーモン

サーモンの塩気がちょうどいい。
くん製の香ばしさも隠し味。

◎ 材料
アボカド…1/2個
スモークサーモン…2枚（きざむ）
醤油…大さじ1
ケッパー（またはレモン汁）…小さじ1
ディル…少々（きざむ）

アボクリームチーズ

さいの目に切って和えるだけでも美味。
ディップにするとよりリッチな味わい。

◎材料
アボカド…1/2個／レモン汁…大さじ1
塩…ふたつまみ／クリームチーズ…20〜40g
醤油…大さじ1／黒こしょう…少々

アボのり

岩のりがなければ、市販の佃煮のりでもOK。
白いご飯にのせてみて。

◎材料
アボカド…1/2個
岩のり…大さじ1
レモン汁…大さじ1

アボめんたい

明太子の塩気・辛味をアボカドの
甘味で深〜い味わいに！

◎材料
アボカド…1/2個
明太子（身の部分）…大さじ1
レモン汁…小さじ1
オリーブオイル…適量

グアカモーレ

メキシコ料理のサルサの一種。
トルティーヤチップスの永遠のパートナー。

◎材料
アボカド…1/2個／プチトマト…3個（くし切り）
たまねぎ…大さじ1（みじん切り）
パクチー…大さじ1（みじん切り）
ライムの絞り汁…大さじ1／クミンパウダー…少々
ハラペーニョ…小さじ1（みじん切り）
塩…ひとつまみ

COLUMN 2
アボカドの種と箱

アボカドの種、育てると芽が出る……かも。

ころんとまん丸なアボカドの種。捨てるのがもったいないくらいですが、種には毒素があり、中毒の恐れがあるため食べられません。でも、育てると芽が出ます。簡単なのは水耕栽培。種についた油分をよく洗い、種のお尻の部分（丸みがあり、少し白っぽくなっているほう）を少し水につけます。毎日きれいな水に換えながら気長に待っていると、60日くらいで発芽するそうです。苗を植え替えれば、観葉植物として楽しめます。発芽するかしないかは……運まかせで！

箱のデザインが素敵なんです。

青果店から毎日仕入れるアボカドは、メキシコで1箱24〜30個ずつに箱詰めされた状態で納品されます。この箱のデザインが、なんともポップでカラフルで、カッコイイ。生産会社ごとにさまざまなデザインがあるんです。箱には、「約18〜21℃くらいで食べごろに熟します」「約4〜5℃くらいで保管してください」と、追熟温度や保管方法について書かれています。アボカドに貼られているシールにもなかなかオシャレなものがあるので、チェックしてみてください。

CHAPTER
3

アボカドを
おかずに！

どんな食材とも相性がいいアボカド。ねっとりとした食感が、食材と食材を仲良くつないでくれるので、味に一体感が出てぐっとおいしくなります。特に、加熱した時のほくほく感は絶品。焼いたり、炒めたり、煮たり、どんな調理法もおまかせあれ。うれしいことに、アボカドが入ると、いつもの簡単なおかずが急に見ちがえるんです。

炒める 焼く

アボホイコウロウ

さいの目

お肉と野菜をたっぷりとれるホイコウロウ。
濃〜い味と相性のいいアボカドにこってりの甘辛のたれがよく絡み、
ご飯が進みすぎて困ります……。
甜麺醤(テンメンジャン)がなければ、代わりに味噌を使ってもおいしく作れます。

◎材料（2人分）
アボカド…1/2個
豚バラ肉の薄切り…150g
キャベツ…1/8個
長ねぎ(青い部分)…1/2本分
しょうが…1/2かけ
にんにく…1/2かけ
塩、こしょう…各適量
サラダ油…大さじ2

Ⓐ（合わせ調味料）
　豆板醤…小さじ1/2
　甜麺醤…大さじ1と1/2
　醤油…大さじ1
　砂糖…大さじ1/2
　酒…大さじ1

カイエンペッパー…お好みで

◎作り方
① アボカドは1.5〜2cmのさいの目、豚バラ肉は一口大に切る。キャベツはざく切りに、長ねぎとしょうが、にんにくはみじん切りにする。
② フライパンにサラダ油を引いて中火にかけ、ねぎとしょうが、にんにくを炒める。香りが出てきたら豚バラ肉を加えて炒める。
③ 豚バラ肉に火が通ったらキャベツを加えて炒める。
④ 塩、こしょうで味を調えたらAをまわし入れ、強火にしてさっと炒める。
⑤ 最後にアボカドを加え、形が崩れないようにさっと混ぜ合わせたら皿に盛り、お好みでカイエンペッパーをふる。

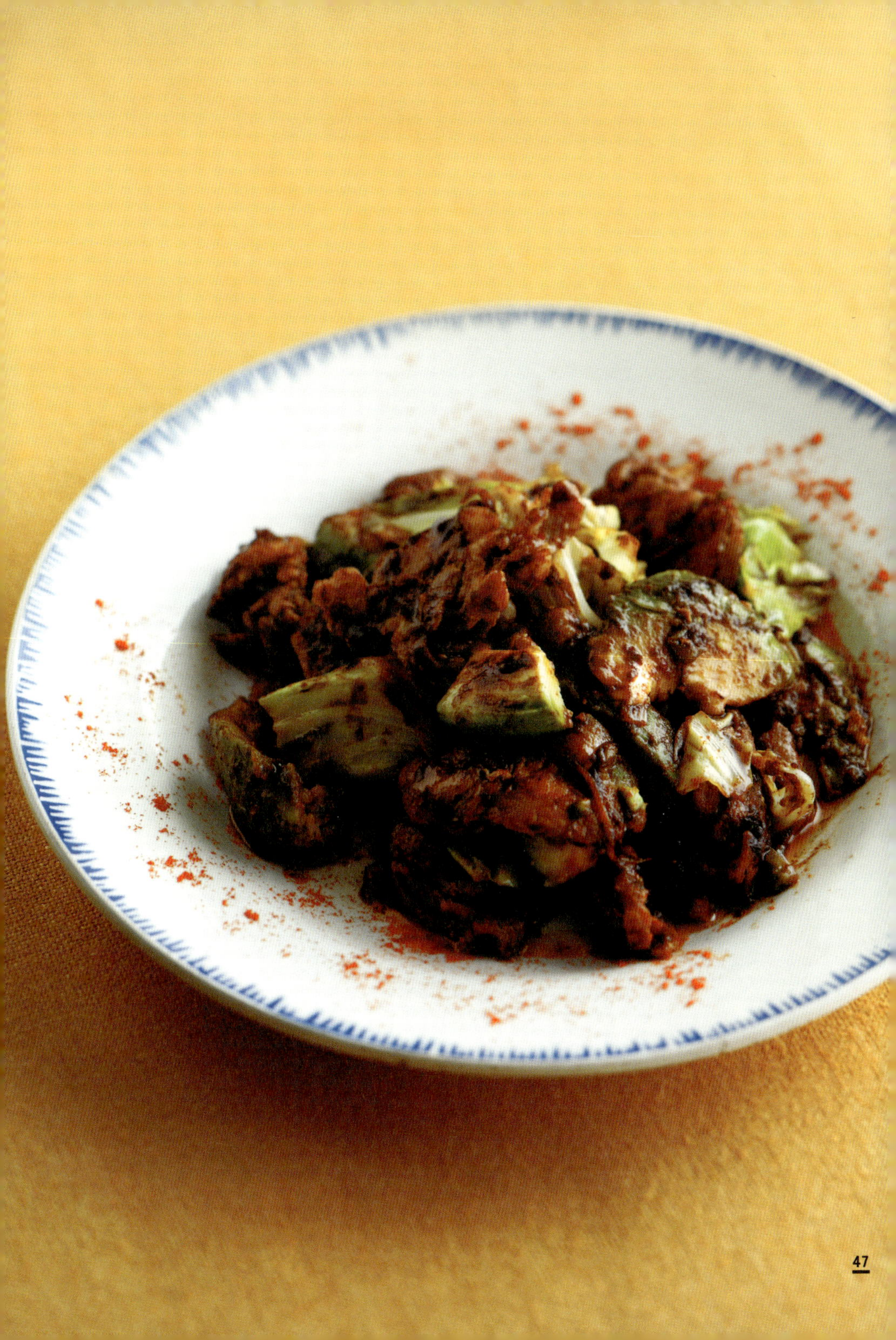

ポークジンジャーソテー
アボオニオンソースがけ

サーモンソテー
アボタルタルソース

ポークジンジャーソテー
アボオニオンソースがけ

コクたっぷりの"たまねぎしょうが汁"を吸ったアボカドをソース代わりに。
アボカドに肉のうま味をたっぷり吸わせてください。
いつもの豚のしょうが焼きが、ソース一つでおもてなし料理に変身！

さいの目

◎材料（2人前）
アボカド…1/2個
豚ロース肉…100ｇ×2枚
白ワイン（または料理酒）…大さじ6
塩、こしょう、黒こしょう、薄力粉…各適量
サラダ油…適量
小ねぎ…適量
付け合わせのじゃがいも…お好みで
Ⓐ ┌ たまねぎ…1/2個（千切り）
　 │ しょうが…小さじ2（すりおろす）
　 │ にんにく…小さじ1/2（すりおろす）
　 │ 醤油…大さじ6
　 └ 砂糖…大さじ2

◎作り方
① 豚ロース肉に塩、こしょうで下味をつけ、薄力粉をまぶしてよくはたく。
② アボカドはさいの目に切る。
③ フライパンにサラダ油を薄く引き、①の両面にきつね色の焼き色がつくまでソテーする。
④ 8割がた火が通ったら、キッチンペーパーでフライパンの余分な油を吸い取る。
⑤ ④に白ワインを加え、強火にかける。白ワインのアルコールが飛んだら豚ロース肉を取り出し、Aを加えて中火にかける。
⑥ 砂糖が溶けたらアボカドを加えて味をしみ込ませ、ソースにとろみがついたら完成。器に食べやすい大きさに切った豚ロース肉を盛り、ソースをかける。黒こしょうをふり、きざんだ小ねぎを散らす。お好みで、じゃがいものソテーを添える。

POINT
アボカドがうま味を吸収！
たまねぎしょうが汁をアボカドにたっぷり吸わせます。肉をソテーしたフライパンをそのまま使うことで、肉のうま味がアボカドにもたっぷりしみ込みます。

サーモンソテー
アボタルタルソース

さいの目

こんがり焼いたサーモンに特製"食べるアボタルタル"をたっぷりのせたボリュームある一皿。高菜を加えた手作りタルタルは何にでも合います。がつんとボリュームある一皿は男子にも人気！

◎材料（2人分）
【食べるアボタルタルソース】
アボカド…1/2個（さいの目）

A
- マヨネーズ…大さじ4
- 高菜…大さじ2（粗みじん）
- ローストアーモンド…大さじ1（粗みじん）
- ゆで卵…2個（白身と黄身に分けて粗みじん）
- 塩…小さじ1/2
- レモン汁…大さじ1

【サーモンソテー】
鮭の切り身（大きめ）…2切れ
塩、こしょう…各少々
薄力粉…大さじ1〜2
白ワイン…大さじ3
バター…3g
サラダ油…適量
砕いたアーモンド、ディル、レモン…お好みで

【付け合わせのサラダ】
ベビーリーフ…1/2パック

B
- 塩…ひとつまみ
- レモン汁…小さじ1
- オリーブオイル…小さじ3

※ベビーリーフとBを和えておく。

◎作り方
【食べるアボタルタルソースを作る】
ボウルにAを入れてよく混ぜ合わせ、アボカドを加えて、形が崩れないように軽く混ぜ合わせる。

【サーモンソテーを作る】
①鮭の切り身はキッチンペーパーで水気をよく取り、塩、こしょうで下味をつけ、薄力粉を軽くはたく。
②フライパンにサラダ油を引いて中火にかけ、①を焼く。焼き色がついたらひっくり返し、裏面も同じように焼き色をつけたら、弱火にしてさらにひっくり返す。
③キッチンペーパーでフライパンの余分な油を拭き取り、白ワイン、バターを加えてふたをし、そのまま2〜3分、鮭の中まで火を通す。
④器に付け合わせのサラダを盛り、③の鮭、その上に食べるアボタルタルソースをのせる。お好みで砕いたアーモンド、ディル、レモンを添える。

POINT
材料を混ぜるだけ！
しゃきしゃきした食感の食べるアボタルタルソースは、アレンジ自在。えび＆かきフライやチキン南蛮はもちろん、実は白いご飯にもよく合うんです！

ARRANGE
アボチキン南蛮
鶏もも肉に衣（P78）をつけて揚げます。南蛮だれ（醤油・砂糖・酢）に1分ほど漬けて、食べるアボタルタルソースをかければ、チキン南蛮に。

アボカドとチキンのグラタン

アボカドとねぎの肉味噌焼き

アボカドとえびのチリソース

アボカドときのこのバター醤油

アボカドと
チキンのグラタン

縦に
くし形

冬に食べたいあったか料理。緑と白のコントラストも食欲をそそります。鶏の代わりに、えびやかにを使ってもおいしいです。

◎材料（2人分）
アボカド…2個／鶏もも肉…200g
マッシュルーム…2個／たまねぎ…1/2個
バター…30g／薄力粉…大さじ4
サラダ油…大さじ1

A ｛
　（ベシャメルソース）
　牛乳…400cc／無塩バター…40g
　薄力粉…40g
　塩…ふたつまみ
　ナツメグ…小さじ1/2
　ホワイトペッパー…小さじ1/2
　（市販のベシャメルソースでも可）

ピザ用のチーズ…100g／パセリ…適量

◎作り方
① アボカドは縦にくし形に、鶏もも肉は食べやすい大きさに、たまねぎとマッシュルームはみじん切りにする。
② フライパンにサラダ油を引いて中火にかけ、薄力粉をはたいた鶏もも肉を炒める。
③ 肉の表面の色が変わったらたまねぎを加え、しんなりしてきたらマッシュルーム、バターを加える。バターが溶けたら火を止める。
④ ベシャメルソースを作る。鍋にAのバターと薄力粉を入れて弱火にかけ、牛乳50ccを加えてダマにならないように混ぜる。少し強めの弱火にし、残りの牛乳を加えながらダマにならないように混ぜる。塩とナツメグ、ホワイトペッパーを加えてとろみがついたらできあがり。
⑤ 耐熱皿に④を適量分け入れ、アボカドと③を並べ、ピザ用チーズを散らす。
⑥ 220℃のオーブンで軽く焦げ目がつくまで10分ほど焼く。パセリを散らして完成。

アボカドとねぎの
肉味噌焼き

縦に
スライス

香ばしく焼いたねぎにこっくりした肉味噌をかけ、オーブンで焼きます。ねぎ以外の焼き野菜に肉味噌をかけるだけでもおいしい！

◎材料（2人分）
アボカド…1/2個／長ねぎ…1本
小ねぎ、一味唐辛子…お好みで
サラダ油…適量

【肉味噌】（作りやすい分量）
豚ひき肉…250g／ごま油…小さじ1
サラダ油…適量

A ｛
　合わせ味噌…100g
　白味噌…25g／みりん…100g
　醤油…大さじ1／砂糖…大さじ3
　酒…大さじ1と2/3／にんにく…1かけ
　一味唐辛子…少々

◎作り方
① 肉味噌を作る。フライパンにサラダ油を引いて豚ひき肉を入れ、中火にかける。水分がなくなりぽろぽろになるまで炒めたら、混ぜ合わせたAを加え、弱火で15分ほど煮る。やや堅めのソース状になったら、ごま油を加える。
② アボカドは薄く縦にスライスする。長ねぎは3cmの長さに切る。
③ フライパンにサラダ油を引き、長ねぎを焼き色がつくまで焼く。
④ 耐熱皿に③、アボカドの順に並べ、①の肉味噌をかけ、お好みで小ねぎや一味唐辛子を加え、220℃のオーブンで7分ほど焼く。

アボカドとえびの
チリソース

縦に
くし形

ご飯が進むピリ辛おかず。えびのうま味をアボカドが吸って、まろやかさがアップします。ちょっと辛めに作って、冷たいビールとともに。

◎材料（2人分）
アボカド…1個／えび（大きめ）…10尾
長ねぎ…1/2本
紹興酒（または日本酒）…小さじ2
卵白…1/2個分／片栗粉…小さじ2
塩、こしょう、揚げ油…各適量
小ねぎ、糸唐辛子、アーモンド…お好みで

A ┌ にんにく…小さじ1/2（みじん切り）
  │ しょうが…小さじ1/2（みじん切り）
  └ 豆板醤…小さじ1／サラダ油…小さじ1

B ┌ トマト…1個（くし形）
  │ 紹興酒（または日本酒）…大さじ1
  │ 鶏ガラスープの素…小さじ1
  │ ケチャップ…大さじ2／醤油…大さじ2
  └ 酢…小さじ1／水…100cc

C 水溶き片栗粉…適量／ごま油…小さじ1

◎作り方
①えびは殻をむいて頭と背わたを取って水洗いし、キッチンペーパーなどで水気を取る。塩、こしょうをふり、紹興酒に10分漬けたら、卵白と片栗粉を加えて混ぜ合わせる。
②アボカドは縦にくし形に切る。
③①を180℃の揚げ油でカラッと揚げる。
④鍋にAを入れて炒め、香りが出てきたらBを加え、煮立ったらみじん切りにした長ねぎとCを加え、あんを作る。
⑤②③④を和えて器に盛り、お好みで小ねぎや糸唐辛子、アーモンドを散らす。

POINT
レンジを使うと便利です。
アボカドは煮崩れないよう短時間で加熱します。電子レンジで温めておくと中まであったかに！

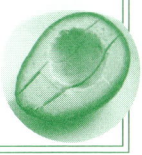

アボカドと
きのこのバター醤油

まるごと

バター醤油炒めにアボカドを加えるとコクが出ます。きりっと冷えた白ワインにもよく合うし、ご飯にのせれば確実においしい！

◎材料（2人分）
アボカド…1/2個／えのき…1/2パック
しめじ…1/2パック／エリンギ…1/2パック
醤油…大さじ4／バター…10g
白ワイン…大さじ5／水…50cc
サラダ油…適量／タイム…お好みで

◎作り方
①えのきとしめじはいしづきを切り落とし、手でほぐす。エリンギは縦半分に切ってスライスする。
②アボカドは皮と種を取り、半分に切る。
③フライパンにサラダ油を引き、中火にかける。①を加え、きのこ類に焼き色がつくまでしっかり炒める。
④鍋はだから醤油をまわし入れる。次に白ワインをまわし入れてアルコールを飛ばしたら②を加える。
⑤水を加え、きのこのうま味をアボカドに吸わせるように、煮汁をスプーンでかけながら炒める。
⑥器にアボカドを盛り、上からきのこをかける。熱いうちにバターをのせ、お好みでタイムを散らす。

POINT
アボカドは直前に！
できあがる直前にアボカドを加え、きのこのうま味がしみ出た汁をアボカドにたっぷり吸わせます。

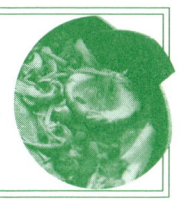

煮る

アボカドと鶏肉の白ワイン煮込み

アボラタトゥイユ

アボカドと鶏肉の
白ワイン煮込み

ことこと煮込んで鶏肉のうま味がしみ出たスープを
たっぷり吸ったアボカド。しっとりねっとりな食感にお酒も進みます。
ハーブが香る、ちょっと素敵なビストロごはんです。

◎材料（2人分）
アボカド…1個
鶏もも肉…300g
芽キャベツ…6個（なければきのこなど）
じゃがいも…1個
ブラックオリーブ…6〜8粒
Ⓐ ┌ たまねぎ…1/2個
　 │ セロリ…1/4本
　 │ にんにく…1かけ
　 └ アンチョビ…1〜2枚
ローズマリー…1本
薄力粉、塩、こしょう…各適量
白ワイン…150cc
サラダ油…適量

◎作り方
① 鶏もも肉は食べやすい大きさに切り、軽く塩、こしょうをふり、薄力粉をはたく。
② アボカドは種と皮を取って半分に切り、芽キャベツは縦に半分、じゃがいもは皮をむいて2cm角のさいの目に切る。
③ Aをすべてみじん切りにする。
④ フライパンにサラダ油を引いて中火にかけ、③を焦がさないようにやわらかくなるまで炒める。
⑤ 具をフライパンの端に寄せ、サラダ油を少し足してローズマリーを入れる。油に香りがついたら①を加え、両面をこんがり焼く。
⑥ ②とブラックオリーブ、白ワインを加える。火加減はそのままで、時々煮汁を具にかけながら煮込む。
⑦ 白ワインのアルコールが飛び、煮汁がどろっとしてきたら完成（肉をやわらかくするなら、水を足してさらに煮込む）。

> **POINT**
> **最初の味付けは薄めに。**
> 煮詰めると味が濃くなるので、最初は薄めに味を付け、最後に調整するとおいしくできます。

アボラタトゥイユ

さいの目

メインディッシュにもなるし、お肉料理の付け合わせにもなる、冷めてもおいしくいただけるおかず。アボカドは完成直前に加えれば、オレンジ色の中に爽やかな緑がちらりと見えて、彩りもきれいです。

◎ **材料（4人分）**
アボカド…1個
なす…3〜4個
Ⓐ ┌ たまねぎ…1/2個
　├ ズッキーニ…1〜2本
　├ 赤、黄ピーマン…各1個
　└ セロリ…1/2本
トマト…3〜4個
にんにく…1かけ
ローリエ…1枚
Ⓑ ┌ タイム、ローズマリー、バジル
　└ …少々
塩…小さじ1
オリーブオイル…大さじ6
こしょう…少々
タイム…お好みで

◎ **作り方**
① アボカドは大きめのさいの目に、なすとAの野菜は食べやすいサイズのさいの目に、にんにくは芯を取ってつぶす。
② 鍋にオリーブオイル（大さじ3）を入れて中火にかけ、水気を拭いたなすを油がまわるまでよく炒めたら、いったん取り出す。
③ オリーブオイル（大さじ3）を足し、にんにくを入れてごく弱火にかけ、にんにくの香りがしてきたら、Aを炒める。さいの目に切ったトマト、塩、Bを加え、ふたをして15〜20分煮込む。
④ 野菜のかさが減ってきたら、②のなすとアボカドを加える。アボカドが煮崩れすぎないように優しく混ぜ合わせる。塩（分量外）、こしょうで味を調え、お好みでオリーブオイル（分量外）をふり、タイムを散らす。

ARRANGE　**チキンソテーのソース**
トマトを少し多めにすると、そのままでチキンソテーのソースに。まぐろステーキにもよく合います。いつもの一皿が見た目もはなやかになり、野菜たっぷりで栄養バランスも◎と、いいことずくめ！ パスタソースとしても使えます。

アボなすと餅の揚げびたし

アボ角煮

アボカドとねぎのクリーム煮

アボなすと餅の揚げびたし

さいの目

秋の定番メニュー。麺つゆを使う簡単レシピですが、アボカドにしっかり味がしみて、お餅の食べごたえもありで、一皿で一食分の満足度！

◎材料（2人分）
アボカド…1/2個
なす…1本
餅…1個
大根おろし…大さじ1
（またはもみじおろし）
小ねぎ…1/2本
市販の麺つゆ…100cc
水…100cc
揚げ油…適量
ごま油…お好みで

◎作り方
①アボカドは大きめのさいの目に切る。なすは横に半分に切り、さらに縦に4等分する。餅は十字に切り目を入れ、4等分する。
②小ねぎは小口切りにする。
③①を素揚げし、キッチンペーパーに上げて余分な油をきる。
④麺つゆと水を鍋で温める。
⑤③を器に盛り④をかけ、大根おろし、小ねぎ、お好みで香り付けのごま油をかける。

アボ角煮

まるごと

とろんとろんの豚バラ角煮に味がしみ込んだ煮玉子とアボカト。それぞれの食感が合わさって、こってりだけどさっぱりな味わい。

◎材料（2人分）
アボカド…1個
豚バラブロック…300〜400g
ゆで卵…2個
にんにく…小さじ1（すりおろす）
しょうが…適量
A ┌ 酒…60cc
  │ 醤油…60cc
  │ みりん…60cc
  └ 水…400cc
サラダ油…適量

◎作り方
①アボカドは皮と種を取り半分に切る。豚バラブロックは3cm幅に切る。
②フライパンにサラダ油を引いて中火にかけ、豚バラ肉の表面に焼き色をつける。肉が浸るくらいの水（分量外）を入れて中〜弱火にし、にんにくを加えて約1時間煮込む。
③別の鍋にAを入れ、②と半分に切ったゆで卵を加え、弱火で約40分煮込む。
④アボカドを加え、さらに20分煮たら器に盛り、千切りにしたしょうがを添える。

> **POINT**
> **圧力鍋を使えば簡単！**
> 時間も手間もかかる豚の角煮。煮込む時間も2時間ほどかかりますが、圧力鍋を使えば40分ほどでおいしくできます。その場合、行程②で40分ほど煮込み、圧力を抜いたらゆで卵とアボカドを加えてさっと煮込んでください。

アボカドとねぎのクリーム煮

丸く
くり抜く

焦げ目がつくくらいこんがりグリルした長ねぎの香ばしさを、
口の中でアボカドのまろやかさが包み込む、とろける一皿。優しい味です。
ねぎは下仁田ねぎのような太めのものを使うと、甘さととろとろ感が引き立ちます。

◎材料（2人分）
アボカド…1個
長ねぎ…2本
グラナパダーノチーズ…大さじ2（削っておく）
（なければパルミジャーノチーズ）
生クリーム…150cc
塩、こしょう…適量
タイム…1本
オリーブオイル…適量

◎作り方
①アボカドは丸くくり抜く。長ねぎは3cmの長さに切る。
②フライパンにオリーブオイルを引いて中火にかけ、長ねぎの表面が軽くきつね色になるようにソテーし、塩をふる。
③生クリームをゆっくり注ぎ、アボカドとグラナパダーノチーズを加え軽く混ぜ合わせる。タイムを加えて弱火にし、10分ほどゆっくり煮込んだら塩、こしょうで味を調える。

> **POINT**
> **毎日の献立の強い味方！**
> 長ねぎ以外にも、鶏肉やきのこと煮込んだり、じゃがいもやごぼうなどの根菜類をごろごろ入れて煮込むもよし、チーズを多めに入れてボリュームを出すもよし。アボカドをクリームで煮込むと、そこからアレンジのレパートリーがぐんと広がります。

アボアクアパッツァ

アボホル鍋

アボアクアパッツァ

横にスライス

魚介類をトマトやオリーブと一緒に水と白ワインで煮込むアクアパッツァ。フライパン一つでできるし、魚も切り身を使うので下処理いらずで楽ちん。

◎材料（2人分）
アボカド…1/2個
白身魚の切り身（金目鯛など）…1枚
赤えび（有頭）…2尾
いか…50～60g
牡蠣…6～8個
ムール貝…2～4個
（なければあさりなどを4～6個）
黄ピーマン…1/4個
トマト…1/2個
ブラックオリーブ…6個
にんにく…1/2かけ
ケッパー…大さじ1
塩、こしょう…各適量
白ワイン…40cc／水…50～70cc
オリーブオイル、サラダ油…各適量
セルフィーユ…お好みで

◎作り方
① アボカドは横にスライス、ピーマンは縦に1cm幅、トマトはくし切り、にんにくは薄切り、いかは輪切りにする。えびや貝類はよく水洗いする。
② フライパンにサラダ油を引いて中火にかけ、白身魚に塩、こしょうをふり、両面を軽くソテーする。
③ 魚の身を崩さないように魚介類、にんにく、ブラックオリーブ、ケッパーを加え、白ワインを注ぐ。強火にしてふたをし、アルコールを飛ばしながら魚介類に火を入れる。
④ 貝が開いたらふたを取り、水とアボカドを加えて、味見しながら煮詰める。できあがり直前にトマトとピーマンを入れる。
⑤ 仕上げにオリーブオイルを軽く1周まわし入れ、お好みでセルフィーユを散らす。

アボホル鍋

縦にくし形

食材を切って鍋に入れたら、あとはぐつぐつ煮込むだけ。がっつりイメージのホルモン鍋も、アボカド入りでヘルシーおしゃれ鍋に！

◎材料（2人分）
アボカド…1個
キャベツ…1/4個
にら…1/2束
もやし…1/2袋
ホルモン（しまちょう）…350～400g
にんにく…1/2かけ
輪切り唐辛子…適量

【スープの材料】
水…鍋の7割くらいの量
かつおだし（顆粒）…小さじ2
鶏ガラスープ…小さじ2
酒…大さじ5
醤油…50cc

◎作り方
① 鍋にスープの材料を入れて強～中火にかけ、ひと煮立ちさせる。
② 食べやすい大きさに切ったキャベツ、にら、もやし、縦にくし形に切ったアボカド、ホルモンの順に加えて火を通し、スライスしたにんにくと輪切り唐辛子を散らし、具に火を通す。

ARRANGE

アボカレー鍋

まるごと

魚介類とアボカドをトマトカレー味で煮込む、当店自慢の別名"レッチリ鍋"。スパイシーな味がアボカドでまろやかに。実は具材はアボアクアパッツァとほとんど同じ。鍋のバリエーションが広がります。

◎材料（4人分）※写真は2人分
アボカド…1個
赤えび…4尾
ムール貝…4個
（なければあさりやはまぐりを12個程度）
いか（輪切りにしたもの）…200ｇ
トマト…1個
ズッキーニ…1/2本
ブラックオリーブ…8個
トレビス…1/4個
マッシュルーム…4個
水…1ℓ（鍋の大きさによって調整）
Ⓐ┌ シーフードコンソメ
　│（なければチキンコンソメの顆粒）
　│…小さじ2〜3
　└ トマトピューレ…大さじ5〜6
カレー粉…小さじ4〜5
バター…20ｇ
オリーブオイル…適量

◎作り方
①だし汁を作る。鍋に水を入れ、Ⓐを加えて中火にかける。だし汁ができたら粗熱を取る。
②アボカドは半分に切って皮と種を取る。
③トマトはへたをくり抜き、上から実の半分くらいまで十字に切り込みを入れる。その他の野菜は食べやすい大きさに切る。
④鍋によく洗った魚介類と野菜、アボカドを入れる。バターをのせ、全体にカレー粉をふり、①を静かに注いで中火にかける。
⑤具やスープを足しながら煮込み、魚介類に火が通ったら完成。香り付けにオリーブオイルをかける。お好みで手で折ったパスタ（分量外）を入れてもおいしい。

さらに！
ARRANGE

アボチキンカレー鍋
こんなに魚介類を揃えるのは大変……という時は、チキンの出番。魚介類を鶏もも肉に変えれば、リーズナブルだし、おいしいスープも出て一石二鳥。手羽先やレバーを入れると食感もいろいろでおいしく楽しい！

アボミネストローネ

アボカドときゅうりの冷たいスープ

アボオニオングラタンスープ

アボミネストローネ

丸く
くり抜く

野菜たっぷりのおかずスープ。ほくほくのアボカドは、じゃがいもに似た食感です。アボカドはどんな野菜とも相性がいいので、お好きな野菜で作ってみてください。パスタを加えてもおいしい！

◎**材料**（2人分）
アボカド…1/2個
たまねぎ…1/2個
にんじん…1/2本
じゃがいも…1/2個
セロリ…1/2本
ズッキーニ…1/2本
トマト…1個
Ⓐ ┌ にんにく…1/2かけ（スライス）
　 ├ ローリエ…1/2枚
　 └ タイム…1/2枝
グラナパダーノチーズ…大さじ1〜2
（なければパルミジャーノチーズ）
塩、こしょう…適量
水…700cc
オリーブオイル…適量
サラダ油…適量

◎**作り方**
① アボカドは丸くくり抜き、野菜はすべて1cmのさいの目に切る。
② 鍋にサラダ油を引いて強火にかけ、Aを入れる。
③ 香りが出てきたら、アボカドとトマト以外の野菜を加え、塩、こしょうで味をつけて炒める。
④ 野菜がしんなりしてきたらトマトを加え、塩で味を調えたら水を加える。
⑤ スープが沸いたら中火にしてさらに煮込む。味が足りなければ細粒コンソメ（小さじ1程度／分量外）を加えて味を調える。
⑥ じゃがいもに火が通ったらアボカドを加え、スープの味をしみ込ませる。器に盛り、グラナパダーノチーズをふり、オリーブオイルをふりかける。

ARRANGE

トマトリゾット
アボミネストローネにご飯を入れて煮込めば、簡単リゾットのできあがり。チーズをたっぷり入れて食べたい！

アボカドと
きゅうりの冷たいスープ

つぶす

きゅうりは皮ごと使えば、鮮やかな緑色に！ まるで野菜ジュースのよう。アボカドがクリーミーなので生クリームなしでもなめらかに。

◎材料（2人分）
アボカド…1個
きゅうり…1本
たまねぎ…1/2個
A ┌ 牛乳…300cc
　├ 塩…ふたつまみ
　└ オリーブオイル…大さじ5
オリーブオイル、黒こしょう…各適量
飾り用のアボカド、きゅうり、トマト、ディル…お好みで

◎作り方
①アボカドは皮と種を取り半分に切る。きゅうりはへたを切り落とし、皮つきのまま乱切りにする。たまねぎは粗みじんにする。
②①とAをフードプロセッサーでペースト状にする。味を見て、足りなければ塩（分量外）を加える。
③器に盛り、オリーブオイルと黒こしょうをふる。お好みで飾り用にスライスしたアボカドときゅうり、きざんだトマト、ディルを浮かべる。

アボオニオン
グラタンスープ

丸くくり抜く

あめ色たまねぎを作ったら、あとはことこと煮込むだけ。とろとろたまねぎとチーズにアボカドと、とろ～りの三つどもえが幸せ！

◎材料（2人分）
アボカド…1個／たまねぎ…1/2個
バター…20～30g／サラダ油 …大さじ1～2
水…500cc／にんにく…1かけ
A ┌ ローリエ…1枚／アンチョビ…1枚
　└ グリーンオリーブ…4個
固形ブイヨン…1個
ブランデー（なければ白ワイン）…100cc
バゲット…スライス2枚
ピザ用チーズ…大さじ3
塩、こしょう、オリーブオイル…適量
セルフィーユ…お好みで

◎作り方
①たまねぎはスライスする。アボカドは丸くくり抜く。
②鍋にバターとサラダ油を引いて中火にかけ、みじん切りしたにんにくとたまねぎを茶色く、しんなりするまでじっくり炒める。
③Aを加えてさらに炒める。ブランデーを加えアルコールを飛ばす。
④水と固形ブイヨンを加え、ひと煮立ちさせる。塩、こしょう、オリーブオイルで味を調える。
⑤耐熱皿に④をそそぎ、アボカドとバゲットを浮かべ、チーズをのせる。オーブントースターまたは200℃のオーブンで焦げ目がつくまで焼き色をつける。仕上げにお好みでセルフィーユをのせる。

POINT
ブランデーで風味UP！
もしあれば入れてみてください。香りもよく、本格的な味わいに。なければ白ワインでも。アルコールを飛ばす時は中火で。温度が高いとアルコールに火がつきます。

揚げる

アボ天ぷら 梅添え

アボカドの
アーモンドスライス揚げ

アボ味噌カツ

アボカドとキムチの豚バラ包み揚げ

アボ天ぷら 梅添え

縦にくし形

切ってみたらまだ早かった、というアボカドは揚げものに。やわらかくなるし、さくさく衣とアボカドの食感の差が楽しい！

◎材料（2人前）
アボカド…1/2 個
梅干し…1個（練り梅でも可）
揚げ油…適量

A
- （揚げ衣）
- 冷水…250cc
- 卵黄…1個
- 薄力粉…大さじ5

◎作り方
①揚げ衣を作る。Aを混ぜ合わせてさっとかき混ぜ、衣箸につけるとすとんとたれ落ちるくらいにする（少し濃いめがベター）。
②アボカドは縦にくし形に切り、①の衣をつける。
③170〜180℃の揚げ油で揚げる。種を取って包丁で軽くたたいた梅干しを添える。

> **POINT**
> **食感を生かすなら衣に注目！**
> 衣は、薄力粉のグルテンが出ると重たい仕上がりになるので、あまりかき混ぜすぎないようにするとカラッと揚がります。また、衣は全卵よりも卵黄のみを使うほうがふんわり軽く仕上がります。

アボカドのアーモンドスライス揚げ

横にくし形

香ばしいアーモンドを衣に揚げたアボカドはほっこほこ。スナック感覚で食べられます。サルサソースやケチャップをつけても美味。

◎材料（2人分）
アボカド…1/2 個
薄力粉…大さじ6
炭酸水（またはビール）…120〜150cc
アーモンドスライス…大さじ4〜5
塩、レモン…お好みで
揚げ油…適量

◎作り方
①アボカドは横にくし形に切る。
②ボウルに薄力粉を入れ、炭酸水を加えて溶く。
③①に②の衣をつける。
④アーモンドスライスをバットに広げ、③の周りにまんべんなくつける。
⑤170〜180℃の揚げ油で表面が香ばしくきつね色になるまで揚げる。器に盛り、お好みで塩とレモンを添える。

アボ味噌カツ

アボカドとうずらの卵の見た目もかわいい！コクのある甘辛～い八丁味噌ソースはアボカドと相性バツグン！

◎ **材料（2人分）**
アボカド…1個
豚バラスライス肉…4枚
うずらの卵（水煮）…4個
溶き卵…1個分
薄力粉、パン粉…適量
塩、こしょう…各適量
白ごま、揚げ油…適量

【ソースの材料】
八丁味噌…大さじ6
砂糖…大さじ1
酒…大さじ4
水…大さじ6
板チョコレート…1かけ
にんにく…小さじ1/2（すりおろす）
しょうが…小さじ1/2（すりおろす）

◎ **作り方**
① 小鍋にソースの材料を入れて弱火にかける。焦げないように混ぜ、ある程度濃度がついたら火を止める。
② アボカドは縦に4等分する。
③ 豚バラ肉を広げ、その上にアボカドを置き、アボカドのくぼみにうずらの卵をのせ、肉で包むように巻く。巻き終わったら塩、こしょうをふる。
④ 薄力粉→溶き卵→パン粉の順で、アボカドに衣をつける。
⑤ 170～180℃の揚げ油で5分ほど揚げる。ソースをかけ、白ごまをふる。

アボカドとキムチの豚バラ包み揚げ

がつん！とくる食べごたえ。アボカドの味が淡白なので、キムチやソースはちょっと濃いめの味のほうがバランスよく仕上がります。

◎ **材料（2人分）**
アボカド…1個
キムチ…80g
豚バラスライス肉…4枚
薄力粉…大さじ6
炭酸水（またはビール）…約100～120cc
Ⓐ （ソース）
　　コチュジャン…大さじ3
　　マヨネーズ…大さじ3
　　水…大さじ1～1.5
揚げ油…適量
白ごま、糸唐辛子…お好みで

◎ **作り方**
① ボウルに薄力粉を入れ、炭酸水を加えて溶く。アボカドにからみつくような堅さになるよう、炭酸水の量を調節する。
② アボカドを縦に4等分する。
③ 豚バラ1枚の上に②のアボカド1個をのせ、種のくぼみにキムチを適量のせて豚バラ肉で全体を包む。
④ ①の揚げ衣につけ、180℃の油でカラッと揚げる。
⑤ 器に盛り、Aを合わせたソースを添える。お好みで白ごまをふり、糸唐辛子をのせる。

> **POINT**
> **お肉でくるっと巻きます。**
> 豚バラ肉にアボカドとキムチをのせてくるりと巻いて揚げます。アボカドは何にでも合うので、お好みの具を包んでみてください。

アボカドとモッツァレラの
とろ〜りフリット

中華風えびの揚げ団子

アボコロッケ

まるごと

アボカドと
モッツァレラのとろ〜りフリット

アボカド1/2個をまるっと揚げた豪快なフリット。
中からとろ〜り出てくるモッツァレフチーズといい香りが食欲をそそります。
アボカドに巻いた生ハムはフリットにすると上質なお肉みたいにジューシーになります。

◎材料（2人分）
アボカド…1/2個
モッツァレラチーズ…1/2玉
（あれば水牛のもの）
生ハム…1枚
薄力粉…大さじ6
炭酸水…100cc
揚げ油…適量
付け合わせのサラダ…適量
竹炭塩…お好みで（塩でも可）

◎作り方
① アボカドは皮と種を取り半分に切る。種のくぼみにモッツァレラチーズをのせ、全体を生ハムで包む。
② ボウルに薄力粉を入れ、炭酸水を加えて溶く。アボカドに絡みつくくらいのとろみになるよう炭酸水の量を調整する。
③ ①に②の衣をつけ、170〜180℃の揚げ油で8分ほど揚げる。付け合わせのサラダとともに器に盛り、お好みで竹炭塩をふる。

ARRANGE

簡単オーブン焼き

フライにするのが面倒……という人にはオーブン焼きがおすすめ。厚めにスライスしたアボカドに生ハム、その上にモッツァレラチーズをたっぷりのせ、パン粉をつけてオーブンやトースターで中が熱々になるまで焼けばできあがり。パン粉のさくさくした食感がおいしい!

POINT

炭酸水でふっくら衣!

アボカドのアーモンドスライス揚げ（P72）や、アボカドとキムチの豚バラ包み揚げ（P73）同様に、とろ〜りフリットの衣も薄力粉を炭酸水で溶いたもの。炭酸水を使うと、外はカリッ、中はふんわりと揚がります。

「竹炭塩」を使います。

竹炭塩は、海塩を竹筒に入れて高温で焼き上げた塩。竹と海塩のミネラルとうま味たっぷりの塩です。まろやかな塩味なので、お店ではフリットの仕上げの味付けによく使っています。

中華風えびの揚げ団子

ぷりっぷりのえびのすり身とアボカドを合わせ、えびしんじょう風にしたものを素揚げしました。中華だれにつけていただきます。

◎材料（4人分）
アボカド…2個／むきえび…200ｇ
にんにく…小さじ1/2（すりおろす）
しょうが…小さじ1/2（すりおろす）
卵…1個／片栗粉…大さじ2
山芋…大さじ1（すりおろす）
塩…少々
レタス、ラディッシュ、芽ねぎ…お好みで
A ┌（中華だれ）
　│ 醤油…大さじ4
　│ 酢…大さじ3
　│ 砂糖…大さじ2
　│ ごま油…大さじ2
　│ 小ねぎ…1/2束（小口切り）
　│ しょうが…小さじ1（すりおろす）
　│ にんにく…小さじ1（すりおろす）
　└ ウスターソース…小さじ1/2
揚げ油…適量

◎作り方
①むきえびは包丁で細かく切り、やや粘りが出るまでたたいたら、すり鉢に移す。
②山芋を加えてすり混ぜる。皮と種を取ったアボカドとにんにく、しょうがを加え、つぶしながら混ぜ合わせる。
③②に卵を割り入れ、ゴムべらでよく混ぜる（空気を入れるように混ぜるとふんわりと仕上がる）。塩と片栗粉を加え、さらによく混ぜ合わせる。
④③をゴルフボールくらいの大きさにまとめ、中温の油に形が崩れないようにそっと落として、きつね色になるまで揚げる。お好みでレタス、ラディッシュ、わけぎを添える。
⑤Aを鍋に入れてひと煮立ちさせ、④に添える。

アボコロッケ

きれいなアボカドグリーンのコロッケ！ アボカドがほくほく甘くておいしい。アボカドはつぶしすぎないように。

◎材料（4個分）
アボカド…2個
たまねぎ…1個
合いびき肉…200ｇ
塩、こしょう…適量
ナツメグ…少々
薄力粉…適量
溶き卵…2個分
パン粉…適量
サラダ油、揚げ油…適量
キャベツの千切り、きゅうり、トマト、
とんかつソース…お好みで

◎作り方
①アボカドは半分に切って皮と種を取り、ボウルに入れておく。
②たまねぎはみじん切りにする。
③フライパンにサラダ油を引き、合いびき肉、塩、こしょう、ナツメグを炒める。
④②を加え、肉のうま味を吸わせながら炒め、たまねぎが透明になったら火を止める。
⑤④をボウルに移して①を加え、木べらでつぶしながら混ぜ合わせる。
⑥⑤を俵形に整えたら、薄力粉→溶き卵→パン粉の順に衣をつけ、180℃の揚げ油で5分ほど揚げる。コロッケにとんかつソースをかけ、お好みでキャベツの千切りやきゅうり、トマトを添える。

酒の肴

アボカドの明太子和え

アボなめろう

アボカドと卵黄の味噌漬け

アボカドの明太子和え

さいの目

すぐできるのにおいしいおつまみ。食卓にもう一品がほしい時にもオススメです。

◎ **材料**（作りやすい分量）
アボカド…1/2個
明太子…1腹
オリーブオイル…適量
大葉、白髪ねぎ、白ごま…お好みで

◎ **作り方**
① アボカドはさいの目に切る。明太子は薄皮に切り込みを入れ、スプーンなどで身をしごき出す。
② ①を混ぜ合わせ、オリーブオイルで味を調える。お好みで大葉や白髪ねぎ、ごまをのせる。

アボなめろう

さいの目

呑んべえも喜ぶアボカドレシピ。味噌や薬味の量は味を見て調整してください。

◎ **材料**（2人分）
アボカド…1/2個
あじの刺身…4～6切れ
みょうが…1個
しょうが…1かけ
小ねぎ…1/2本
にんにく…小さじ1/4（すりおろす）
味噌…小さじ1
オリーブオイル…大さじ2～3
スライスしたラディッシュ、しょうがの千切り、かいわれ大根…お好みで

◎ **作り方**
① あじは包丁でたたき、ボウルに入れる。
② みょうがはみじん切り、しょうがは千切り、小ねぎは小口切りにして①に加え、味噌とにんにく、オリーブオイルを加えて混ぜ和える。
③ 味がなじんだらさいの目に切ったアボカドを加えて和え、お好みでスライスしたラディッシュ、しょうがの千切り、かいわれ大根を添える。

アボカドと卵黄の味噌漬け

アボカドと卵黄を漬け込んだコクとろの味噌漬け。日本酒によく合います。

◎ **材料**（作りやすい分量）
アボカド…1個
卵黄…5個分
Ⓐ ┌ 味噌…500g
　│ 酒…200〜300cc
　└ みりん…200〜300cc
※甘口味噌を使う場合は味噌と酒だけでOK

◎ **作り方**
① Aを混ぜ合わせ、味噌がやわらかくなったら、2/3量を密閉容器に平らに広げ、その上にガーゼを敷く。
② 上から丸いスプーンで、卵黄がすっぽり入るくらいの深めのくぼみを卵黄の数だけつけ、黄身が割れないように気をつけながらくぼみに入れる（卵黄より少し小さめにへこませると、漬けた時にこんもり丸く仕上がる）。
③ あいたスペースに横にくし形に切ったアボカドを並べる。
④ ③の上にガーゼをかぶせ、その上にさらにAをのせ、冷蔵庫へ。1日半からが食べごろ。

POINT

漬けるときはガーゼを。
密閉容器に広げたAにガーゼをかぶせ、アボカドと卵黄をのせます。さらにガーゼをかぶせ、上からAを少し広げます。こうすれば、アボカドが味噌の中に溶けるのを防げます。

なるべく3〜4日以内に。
冷蔵庫に入れたら、なるべく3〜4日以内に食べてください。それ以上になる時は、アボカドと卵黄を漬け床から取り出し、別の密閉容器に入れ替え、2日以内に食べてください。保存期間は季節や各家庭の保存環境によって異なるので、状態を見て調整してください。

COLUMN 3

いつものおかずに、入れるだけ。

しらす丼 ＋ さいの目

あっさりな丼ごはんにコクをプラス！

◎ 作り方
ご飯を丼に盛り、しらすと卵黄をのせる。卵黄のまわりにさいの目に切ったアボカドと小ねぎを散らし、醤油とお好みでオリーブオイルをまわしかける。

うな丼 ＋ 縦にくし形

市販のうなぎの蒲焼きで簡単アボうな丼！

◎ 作り方
ご飯を丼に盛り、きざみのりを散らす。その上に一口大に切って温めたうなぎの蒲焼き、縦にくし形に切ったアボカドを彩りよく並べ、うなぎのたれをかける。お好みで錦糸卵、きざんだ三つ葉を散らし、わさびをのせる。
POINT マヨネーズをかけたり、だし汁をかけてひつまぶし風にしても！

どんな料理にもコクとまろやかさをプラスしてくれるアボカド。
ご飯にのせたり、おかずと一緒に煮込むだけで、
おなじみの料理がいつもよりもおいしくてヘルシーに大変身!
「入れるだけ」で料理のバリエーションが増えたように見える簡単レシピ、お教えします。

オムレツ ＋ さいの目

具は納豆＆キムチ＆アボカド。ふんわりねばとろが最高!

作り方

納豆は醤油とからしを加えて白っぽくなるまでよく混ぜ、粗みじんにしたキムチと合わせてキムチ納豆を作る。熱したフライパンに塩とオリーブオイルで味つけした溶き卵を流し入れ、キムチ納豆とさいの目に切ったアボカドを包んでオムレツを作る。お好みでマヨネーズをかけ、小ねぎを散らす。

麻婆なす ＋ 縦にくし形

名づけて「アーボーなす」!いつもの一皿がはなやかに。

作り方

なすは一口大に切り素揚げする。みじん切りにした長ねぎとにんにく、豆板醤、豚ひき肉を炒め、酒を加えてアルコールを飛ばしたら、なすと縦にくし形に切ったアボカド、甜麺醤、酒、こしょうなどを加えてひと煮立ちさせる。水溶き片栗粉でとろみをつけたら、醤油、ごま油、山椒で味を調える。

| おでん ＋ 1/4 | ホワイトシチュー ＋ 丸くくり抜く |

緑がきれいなアボおでん。おだしをたっぷり吸わせて。

作り方
大根、卵、こんにゃく、昆布をだし汁（だし＋醤油＋酒＋みりん＋昆布茶）で約30分煮込む。さつま揚げを加えて15分煮たら、4等分したアボカドを加えて15分煮込む。お好みでとろろ昆布を添える。

じゃがいもの代わりにアボカド！短時間で煮込めて簡単！

作り方
塩、こしょうをふった牡蠣をフライパンでソテーし、白ワインをふる。みじん切りにしたたまねぎを加えて炒め、生クリームを入れてひと煮立ちさせる。グラナパダーノチーズ（なければパルミジャーノチーズ）を入れて味を調え、丸くくり抜いたアボカドを加えて煮込む。仕上げにオリーブオイルをかける。

CHAPTER 4

アボカドの
一皿ごはん!

アボカドはフルーツですが、これがなんと、白いご飯にとっても合う！ アボカド料理が初めてなら、まずは超定番のアボカド×まぐろ丼、アボカド×スパム丼からトライしてみてください。休日ブランチにもぴったり。もちろん、ご飯のみならず、パスタやピザなどのこなものとの相性も最高。炭水化物バンザイ！

ごはん

アボカド漬けまぐろ丼

王道の組み合わせ・まぐろは刺身用でOK。簡単なのに彩りもいいので、突然のおもてなしにもお役立ち。まぐろはしっかり味をつけてください。

縦にスライス

◎ 材料（2人分）
アボカド…1個／まぐろの刺身…12切れ
ご飯…茶碗2杯分／きざみのり…10ｇ
長ねぎ（白い部分）…1本
スライスしたラディッシュ、白ごま、
わさび…お好みで

A ┌（漬けだれ）
　│ 醤油…大さじ6／みりん…大さじ4
　└ 酒…大さじ2

※ 醤油：みりん：酒＝3：2：1

◎ 作り方
① 漬けだれを作る。酒とみりんを小鍋に入れて弱火で沸騰させ煮切る。粗熱が取れたら醤油を加える。
② 食べる10〜15分前にまぐろの刺身を①に漬け込む。
③ 長ねぎは白髪ねぎにして水にさらす。
④ ご飯を丼に盛ってきざみのりを散らし、②と縦にスライスしたアボカドを盛る。
⑤ ②のたれを大さじ3ほどまわしかけ、水気を切った白髪ねぎをのせる。お好みでラディッシュやわさび、白ごまをのせる。

ARRANGE
カルパッチョ
まぐろとアボカドにわさび醤油とマヨネーズを和えたソースとオリーブオイルをかければ簡単カルパッチョに。かつおでも美味。

照り焼きスパムアボカドン

まぐろ同様、これまたアボカドと黄金コンビのスパム。
照り焼きスパムのうま味たっぷりのカフェめしです。

丸く
くり抜く

◎ **材料**（2人分）
アボカド…1個
スパム（またはその他のランチョンミート）
…100g
温泉卵（なければ卵黄）…2個
小ねぎ…1本
プチトマト…1個
ご飯…茶碗2杯分より少し多め
きざみのり…10g
マヨネーズ…お好みの分量
市販の照り焼きのたれ（なければ醤油など）、
サラダ油…適量

◎ **作り方**
① スパムは1cmのさいの目に切る。
② 小ねぎは小口切りに、プチトマトは4等分する。
③ アボカドは丸くくり抜く。
④ フライパンにサラダ油をひいて中火にかけ、①を表面がきつね色になるまで焼く。
⑤ ご飯を丼に盛り、きざみのりを散らす。温泉卵1個をのせ、③と④の半量を盛る。
⑥ 照り焼きのたれとマヨネーズをかけ、プチトマト、小ねぎを散らす。

アボガパオライス

さいの目

ハーブが香るエスニック風のアボカドごはん。鶏のうま味をアボカドにしみ込ませながら炒めます。ビールと一緒にがっつり食べたい!

◎ **材料**（2人分）
アボカド…1個／なす…1本
赤、黄ピーマン…各1/2個
鶏もも肉（または鶏ひき肉）…250g
ご飯…茶碗2杯分
A ┌ ナンプラー…大さじ2
　├ オイスターソース…大さじ2
　├ にんにく…小さじ1/4（すりおろす）
　├ しょうが…小さじ1/4（すりおろす）
　└ 醤油…大さじ1
卵…2個／酒…大さじ5
カイエンペッパー（または一味唐辛子）
　…大さじ1/4
バジルの葉、サラダ油…各適量

◎ **作り方**
① アボカド、なす、ピーマンは1cmのさいの目、鶏もも肉は細かく切る。
② フライパンにサラダ油を少し多めに引いて卵を割り入れ、目玉焼きを作る。
③ 鶏もも肉を中火で炒める。酒を加え、アルコールを飛ばしたらAとなす、ピーマンを加えて炒める。
④ 野菜に火が通ったらアボカドを加えてさっと炒め合わせ、火を止める。ちぎったバジルを入れて和える。
⑤ 器の半分にご飯を盛り、その横に④を、上から目玉焼きをのせる。カイエンペッパーをふり、目玉焼きの黄身の部分にお好みでナンプラー（分量外）をふる。

アボカドココナッツカレー

アボカドをごろっと贅沢に使ったグリーンカレー。とろとろアボカドがカレーにまあるい味をプラス。アボカドにカレーの味をたっぷり含ませて!

◎ 材料(2人分)
アボカド…1個
ご飯…茶碗2杯分より少し多め
合いびき肉…200g
エリンギ…1パック
Ⓐ ┌ グリーンカレーペースト…大さじ2
　├ ナンプラー…大さじ4
　├ パームシュガー…大さじ1
　└ (なければ蜂蜜や砂糖)
ココナッツミルク…200〜300cc
サラダ油…適量

◎ 作り方
① アボカドは皮と種を取って半分に切る。エリンギは横半分に切って縦にスライスする。
② フライパンにサラダ油を引き、合いびき肉を炒める。火が通ったらエリンギを加えて炒め、Aを加えて全体に絡める。
③ 全体に味がなじんだら、ココナッツミルクをゆっくり注ぐ。
④ アボカドを加え、ひと煮立ちさせる。ご飯とともに皿に盛る。

アボカドチーズタコライス

アボカド料理の定番、タコライス。ひき肉はちょっと濃いめに味つけすると、アボカドのまろやかさといいバランスに。タコミートはサンドウィッチにも使えます。

丸くくり抜く

◎材料（2人分）
アボカド…1個
ご飯…お茶碗2杯分より少し多め
合いびき肉…200ｇ
サニーレタス…1/4個
市販のサルサソース…大さじ3
A ┌ タコス用シーズニング…大さじ2
　└ 醤油…大さじ3
ピザ用チーズ…大さじ2
トルティーヤチップス…3枚
サラダ油…適量
パルミジャーノチーズ…お好みで

◎作り方
① アボカドは丸くくり抜く。サニーレタスは一口サイズに切る。
② フライパンにサラダ油を引いて中火にかけ、合びき肉を炒める。火が通ったらAを加えて炒める。
③ 器にご飯を盛り、まわりにサニーレタスとアボカドを盛り、サルサソースをかける。
④ ご飯の上に②を盛り、ピザ用チーズをふり、適当な大きさに砕いたトルティーヤチップスを立てる。お好みでパルミジャーノチーズをふる。

塩こんぶアボチャーハン

アボカドと意外に相性のいい塩こんぶ。アボカドを入れると和風チャーハンにボリュームが出て満足度もアップ！食感にバリエーションも出てくせになる味に。

さいの目

●材料（2人分）
アボカド…1個
ご飯…2人分
卵…1個
塩こんぶ…20g
バター…10g×4個
塩、こしょう…適量
醤油…大さじ4
小ねぎ…適量
サラダ油…大さじ6〜8
紅しょうが…お好みで

●作り方
① アボカドはさいの目に切る。
② 卵1個を溶き、軽く塩、こしょうをふる。
③ フライパンにサラダ油を引いて中火にかけ、②を流し入れる。
④ 外側が固まってきたらご飯を加え、ご飯粒がパラパラになるように炒める。バター2個を入れて全体になじませる。
⑤ 塩、こしょう、塩こんぶを加えて炒め、最後に醤油をまわし入れたらアボカドを加え、崩れないように全体を混ぜ合わせる。
⑥ 皿に盛り、小口切りにした小ねぎを散らし、残りのバターをのせ、お好みで紅しょうがをのせる。

牛肉の炙りとアボにぎり寿司

牛肉とアボカドもなかなかの組み合わせです。レアな牛炙り肉に
テンションが上がります。家で寿司が出てきたら、ちょっとぐっときそうです。

◎ **材料**（2貫分）
アボカド…1/4個
ご飯…適量
牛もも薄切り肉…1枚
A ┌ 醤油…適量
　└ オリーブオイル…適量
B ┌（寿司酢）
　│ 塩…ひとつまみ
　│ 酢…大さじ1
　└ 砂糖…ふたつまみ
ゆずこしょう…少々
オリーブオイル…適量
竹炭塩（P78／または岩塩）、芽ねぎ
…お好みで

◎ **作り方**
① 牛もも肉を刺身大に切り、Aに5〜10分ほど漬け込んだら電子レンジで1〜2分加熱する（途中で裏返しながら全体を加熱する）。
② 熱いご飯をボウルに入れ、Bを加えて切るように手早く混ぜ合わせて酢飯を作る。1〜2時間おいてなじませる。
③ 酢飯1貫分をにぎり、上にゆずこしょうをつける。
④ 縦にスライスしたアボカドの半分をのせ、さらに①をのせてにぎる。仕上げにオリーブオイルをふり、お好みで竹炭塩、芽ねぎをのせる。

縦に
スライス

COLUMN 4
アボカドオイル

1本（300ml）にアボカド約20個分！
栄養たっぷりのアボカドは
オイルになってもすごいんです。

アボカドの果肉だけを搾ったアボカドオイル。実はびっくりするくらい栄養価が高い！ ビタミンA、B群、Eやミネラル、食物繊維が豊富で、不飽和脂肪酸（オレイン酸、リノール酸など）も多いのでLDL（悪玉コレステロール）を下げる効果も。生活習慣病の予防、血行促進、デトックス、美肌効果も期待でき、もっともアレルギーが少ないオイルとも言われています。欧米ではすでにおなじみですが、作っている企業はまだわずか。そのうちの1社が日本の会社です。手がけるのは三井高治さん、葉子さん夫婦。旅先のニュージーランドでその栄養価に驚いた二人は研究を重ね、厳選したハス種を使ったアボカドオイルを商品化。それは、空気に触れず、溶剤との混合も一切ない「ハイドロプレス」製法で搾る高純度・無添加の天然オイル。いいことずくめのアボカドオイル、是非お試しあれ！

朝、スプーン1杯飲む!?……続ければ健康効果が期待できます。朝食前に小さじ1杯飲むと食欲を押さえダイエット効果もあるそう。

どんな料理にも！……コレステロール0、トランス脂肪酸は0.1％以下なので、じゃんじゃん使ってOK。においもくせもなく、他の油やどんな食材、調味料とも相性◎！

お肌にも使える！……12種類のビタミンと14種のミネラルがたっぷり。しかもビタミンEはオリーブオイルの4倍！ 保湿効果が高く、クレンジングオイルやマッサージオイルにも使えます。

ロシオ・デル・ボスケ（森のしずく）
300ml／2310円、120ml／1260円

ミツコムトレード24 ☎0120-356-124 http://www.avocadooil.jp

> パスタ

アボカドとお刺身の冷たいスパゲティ

さいの目

余った刺身が大変身！ 刺身は下味をつけておくと水っぽくなりません。
ソースはオイルを乳化させてどろっとさせるとパスタによく絡みます。

◎材料（1人分）
パスタ（細め）…100g
にんにく…1かけ
A⎰ アボカド…1/2個（さいの目）
　 お好みの刺身…適量（一口大に切る）
　 プチトマト…6〜8個（4等分）
　 醤油…大さじ5／ゆずこしょう…小さじ1/2
　 レモン汁…大さじ1
　 オリーブオイル…大さじ5
黒こしょう、バジルの葉…適量

◎作り方
① 鍋に湯を沸かし、パスタを表示より2分ほど長めにゆで、氷水で冷やしておく。
② 半分に切ったにんにくをボウルの表面にこすりつけて香りをつけたらAを入れてよく混ぜ合わせて乳化させ、どろっとした状態にする。
③ ①の水気を切って②に加え、混ぜ合わせる。具が山高になるように皿に盛り、黒こしょうをふり、バジルの葉を散らす。

アボオムナポリタン

ナポリタンもオムレツも好き。ならばいっしょに食べてしまえ！
というわけでボリュームたっぷりのパスタを作りました。男子は確実に好きです！

◎ 材料（1人分）
アボカド…1/2個（さいの目）
パスタ…100g／食塩…ひとつまみ

A
- （ソース）
- スパム…20g（1cm角）
- たまねぎ…1/4個（厚めスライス）
- にんじん…1/4本（薄くいちょう切り）
- ピーマン…1個（薄く輪切り）
- ケチャップ…大さじ5／醤油…大さじ1
- フォンドボー（缶詰）…大さじ1
- （フォンドボーはなくてもOK）

B
- （オムレツ）
- 卵…1個／塩…ひとつまみ
- グラナパダーノチーズ…大さじ1
- （なければパルミジャーノチーズ）
- オリーブオイル…大さじ2

黒こしょう、サラダ油…各適量
グラナパダーノチーズ、セルフィーユ
…お好みで

◎ 作り方
① 鍋に湯を沸かし、パスタを表示どおりにゆでる。
② ソースを作る。フライパンにサラダ油を引いて中火にかけ、スパムをきつね色になるまで炒める。たまねぎ、にんじん、ピーマンの順に炒め、歯ごたえがあるうちにフォンドボーを加えて全体になじませたら、ケチャップと醤油を加えて混ぜ合わせる。
③ ②にゆで上がったパスタを加えて炒める。
④ オムレツを作る。サラダ油を引いたフライパンを中火にかけ、よく混ぜたBを流し込む。周りが固まってきたらさいの目に切ったアボカドを加える。
⑤ 卵が固まりすぎないうちに器に盛った③の上にのせ、黒こしょうをたっぷりふる。お好みでグラナパダーノチーズをかけ、セルフィーユを散らす。

さいの目

アボカドとウニのカルボナーラ

リピーター続出の人気メニュー。パスタにねっとりからむアボカドとウニの濃厚な味が「これでもか！」というくらいに押し寄せ、気づくとトリコです。

さいの目

◎ 材料（1人分）
パスタ（太め）…100g

A
- （ソース）
- アボカド…1/2個（さいの目）
- ウニ…大さじ2
- トマト（大）…1/2個（さいの目）
- 全卵…1個／卵黄…1個分
- グラナパダーノチーズ…大さじ2
- （なければパルミジャーノチーズ）
- 醤油…大さじ4／にんにく…1かけ
- 塩…ひとつまみ
- オリーブオイル…大さじ5

B
- （トッピング）
- アボカド…1/4個（スライス）
- ウニ…大さじ1
- 黒こしょう、セルフィーユ…各適量

◎ 作り方
1. 鍋に湯を沸かし、パスタを表示どおりにゆでる。
2. カルボナーラソースを作る。にんにくを半分に切り、ボウルの表面にこすりつけて香りをつけたらAの材料を入れ、混ぜ合わせる。
3. 鍋を弱火にかけ②を温める（卵焼きにならない程度に。固まりかけたら火から外す）。
4. ゆで上がったパスタを③に加えて混ぜ合わせ、器に盛り、Bをのせる。

アボカドとチキンの
パスタパエリア

横に
スライス

パスタはゆでずに手でぱきぱき折って野菜と煮込みます。できたらそのまま食卓へ。
パスタがやわらかくなる前に水がなくなったら、水を足してください。

◎ **材料（1人分）**
パスタ…100g
鶏もも肉…50〜60g

Ⓐ ┌ アボカド…1/2個（横にスライス）
　 │ トマト…1個／ズッキーニ…1/4本
　 │ 赤・黄ピーマン…各1/2個
　 │ しめじ…1/4パック
　 └ ※それぞれ1cm角、1cm幅に切る

にんにく…1かけ（スライス）
唐辛子…1本
塩…小さじ2／こしょう…適量
白ワイン…100cc／サフラン…少々
水、ピザ用チーズ、サラダ油…各適量
ディル…お好みで

◎ **作り方**
① 鶏もも肉は食べやすい大きさに切り、塩、こしょうで下味をつける。
② パエリアパン（またはフライパン）にサラダ油を引いて中火にかけ、①をソテーする。
③ にんにくと唐辛子を加えて香りを出す。白ワインを注ぎ、アルコールを飛ばす。
④ 5cmくらいに折ったパスタを加え、水をパスタの上1cm幅くらいまで注いで中〜弱火で煮込む。途中でサフランを加える。
⑤ Ⓐとピザ用チーズを彩りよくのせて中火で5〜10分ほど煮込み、パスタがやわらかくなったら完成。お好みでディルを散らす。

こなもの

ピザアボゲリータ

丸く
くり抜く

素材のおいしさを味わう定番ピザ。まんまるのアボカドをのせるだけで、ワンランク上の仕上がりに。シンプルなトマトソースの味が引き立ちます。

◎ **材料（1枚分）**
市販のピザ生地（直径20cm程度）…1枚
アボカド…1/2個
バジル…大きめを1〜2枚
モッツァレラチーズ（またはピザ用チーズ）
…80g
オリーブオイル…適量
A（トマトソース）
　トマト水煮缶…1/2缶
　にんにく…1かけ（スライス）
　輪切り唐辛子…ひとつまみ
　塩…小さじ1
　オリーブオイル…大さじ5〜6

◎ **作り方**
① トマトソースを作る。フライパンにオリーブオイルを引き、にんにくと輪切り唐辛子を弱火で温める。トマト缶と塩を加え、トマトを崩しながらひと煮立ちさせる。
② ピザ生地に①を塗り、親指大にちぎったモッツァレラチーズを並べる。
③ 250℃のオーブンで5〜7分焼く。6等分に切り、丸くくり抜いたアボカドをのせる。
④ バジルをかざり、オリーブオイルをふる。

POINT
トマトソースのコツ
煮込み時間が短いとフレッシュ感が、ゆっくり煮込むとコクが出ます。

簡単バインミー

ベトナムのサンドウィッチ。アボカドを入れたら、やっぱりおいしい。
アボカドのなめらかな食感でぐっと食べやすくなります。

○ 材料（2人分）
アボカド…1個
フランスパン（約20〜30cmのもの）…1本
クリームチーズ…適量／にんじん…1/2本
大根…1/4本／ハム…4枚
パクチー…適量／ナンプラー…適量
塩…小さじ2／砂糖…小さじ3
酢…大さじ6

○ 作り方
① なますを作る。にんじんと大根は千切りにし、塩で軽くもみ、水気が出るまでおく。水気を絞り、砂糖と酢で和える。
② アボカドは横にスライスする。
③ フランスパンは1/4に切って軽くトーストし、具をはさめるように切り込みを入れ、クリームチーズを塗る。
④ ハム、①のなます、アボカド、パクチーをはさみ、具にナンプラーをかける。

横に
スライス

アボお好み焼き

フライパンで焼く簡単お好み焼き。アボカドが入ると、ふんわり、ほくほくに焼き上がります。生地は大きく広げすぎないほうが焼きやすいです。

縦にスライス

◎ 材料（2枚分）
アボカド…1個／豚バラ肉…100g
キャベツ…大きめの葉5～6枚（250～300g）
ねぎ…2～3本
A ┌ 薄力粉…100g／片栗粉…20g
　└ ベーキングパウダー…5g
B ┌ 卵…1個／塩…少々
　│ 醤油、砂糖、だし（顆粒）
　└ …各小さじ1
水…160～200cc
お好み焼きソース、サラダ油…適量
マヨネーズ、青のり、紅しょうが…お好みで

◎ 作り方
① キャベツは粗みじんに、ねぎは小口切りに、豚バラ肉は3cm幅に切る。
② ボウルにAを混ぜ、Bを加えたら水を2～3回に分け入れて混ぜ合わせる。水の分量は好みの生地の堅さで調整する。さらにキャベツ、ねぎを加えて混ぜる。
③ フライパンにサラダ油を引いて中火にかけ、豚バラ肉を並べて上から③の生地の半量を入れ、生地を広げながら中火のまま焼く。
④ 片面が焼けたらひっくり返し、縦にスライスしたアボカドを放射状に並べ、ふたをして3～4分蒸し焼きにする。お好み焼きソースをかけ、お好みでマヨネーズ、青のり、紅しょうがをのせる。

CHAPTER 5

アボカドで
ドリンク＆スイーツ！

アボカドでスイーツ！？ ちょっと意外な取り合わせですが、さすがフルーツだけあって、アボカドは実はスイーツにもぴったりな食材。ほかのフルーツとの相性もいいし、シンプルにメープルシロップをかけるだけでもおいしい。アボカドスイーツの優しいグリーンは幸せの色。一緒に食べる誰かとの間を、楽しくつないでくれます（もちろん、一人でも"口福"！）。

アボカドシェイク

市販のシャーベットを使って。

◎ **材料（1〜2人分）**
アボカド…1/2個
市販のシャーベット
（オレンジやレモンをミックスで）…50cc
好きなフルーツジュース…100cc
スライスしたアボカド、好きなシャーベット、
ミントの葉…お好みで

◎ **作り方**
① アボカドは皮と種を取り、適当な大きさに切る。
② すべての材料をミキサーに入れて混ぜる（好みの濃度になるよう、ジュースの量で調整する）。お好みでスライスしたアボカドやシャーベット、ミントの葉をのせる。

フローズン アボガリータ

大人向けのアボカド・カクテル。

◎ **材料（2人分）**
アボカド…1/2個／テキーラ…60cc
ライム…1/2個分
グレープフルーツジュース…100cc
ガムシロップ…大さじ1〜2
氷…6個／塩…適量
ライム、ミントの葉…お好みで

◎ **作り方**
① グラスの縁をライムで軽くこする。バットや皿に塩を広げ、グラスの縁につける。
② ミキサーに氷を入れて砕く。その他の材料も加えてミキサーにかける。
③ ①に静かに注ぎ入れ、お好みでライム、ミントの葉を飾る。

ドリンク

アボカドマンゴースムージー

トロピカル感たっぷり！

◎材料（1人分）
アボカド…1/2個／マンゴー…1/2個
マンゴージュース…100cc
（またはオレンジジュース）
氷…2個
マンゴー、ミントの葉…お好みで

◎作り方
① マンゴーは皮と種を取り、冷凍しておく。アボカドは皮と種を取り、適当な大きさに切る。
② ミキサーに氷を入れて砕く。
③ ②に①とマンゴージュースを加えてミキサーにかける（好みの濃度になるよう、ジュースの量で調整する）。お好みでマンゴーやミントの葉をのせる。

カットフルーツのアボミックススムージー

コンビニのカットフルーツでも作れます。

◎材料（1人分）
アボカド…1/2個
カットされたミックスフルーツ…適量
好きなフルーツジュース…適量／氷…2個
ミントの葉…お好みで

◎作り方
① ミックスフルーツは冷凍しておく。アボカドは皮と種を取り、適当な大きさに切る。
② ミキサーに氷を入れて砕く。
③ ②に①とフルーツジュースを加え、ミキサーにかける。お好みで残ったフルーツやミントの葉をのせる。

スイーツ

マチェドニア

お好みで

"マケドニア風"の名を持つフルーツポンチ。季節のフルーツで作るヘルシーデザートです。食べる時、白ワインを加えると大人の味に。

◎材料（4人分）
アボカド…1個
バナナ…1本
イチゴ…5個
キウイ…1個
オレンジ…1個
グレープフルーツ…1/2個
ぶどう…10〜15粒
ブルーベリー…適量
はちみつ…大さじ3
レモン汁…大さじ2
炭酸飲料…適量
（ジンジャーエール、ソーダなど）
ミントの葉…お好みで

◎作り方
① フルーツはすべて皮をむき、1.5cm角、または適当な大きさに切る（写真ではアボカドはハートの形に飾り切り）。
② ①にはちみつ、レモン汁を加え、優しく和えたら、ラップをして冷蔵庫で冷やす。
③ 器に盛り、食べる直前に炭酸飲料を器の半分くらいまで入れてさっと混ぜる。お好みでミントの葉を飾る。

アボカドとヨーグルトのジェラート

つぶす

ヨーグルト風味のさっぱり味。アボカドだけで、こんなにきれいな緑色！ 途中で一度かき混ぜるとなめらかに仕上がります。

◎材料（4人分）
アボカド…2個
プレーンヨーグルト…300g
砂糖…200g
レモン汁…小さじ2

◎作り方
① ざるにキッチンペーパーを敷き、ヨーグルトをのせて水気を切る。
② ①の半量と皮と種を取って適当な大きさに切ったアボカド、その他の材料をフードプロセッサーに入れ、なめらかになるまで混ぜ合わせる。
③ ①の残りを加えてマーブル状になるようざっくりと混ぜ合わせ、深さのある密閉容器や金属製のバットなどに入れ、冷凍室へ。途中で一度かき混ぜながら5〜6時間冷やし固める。

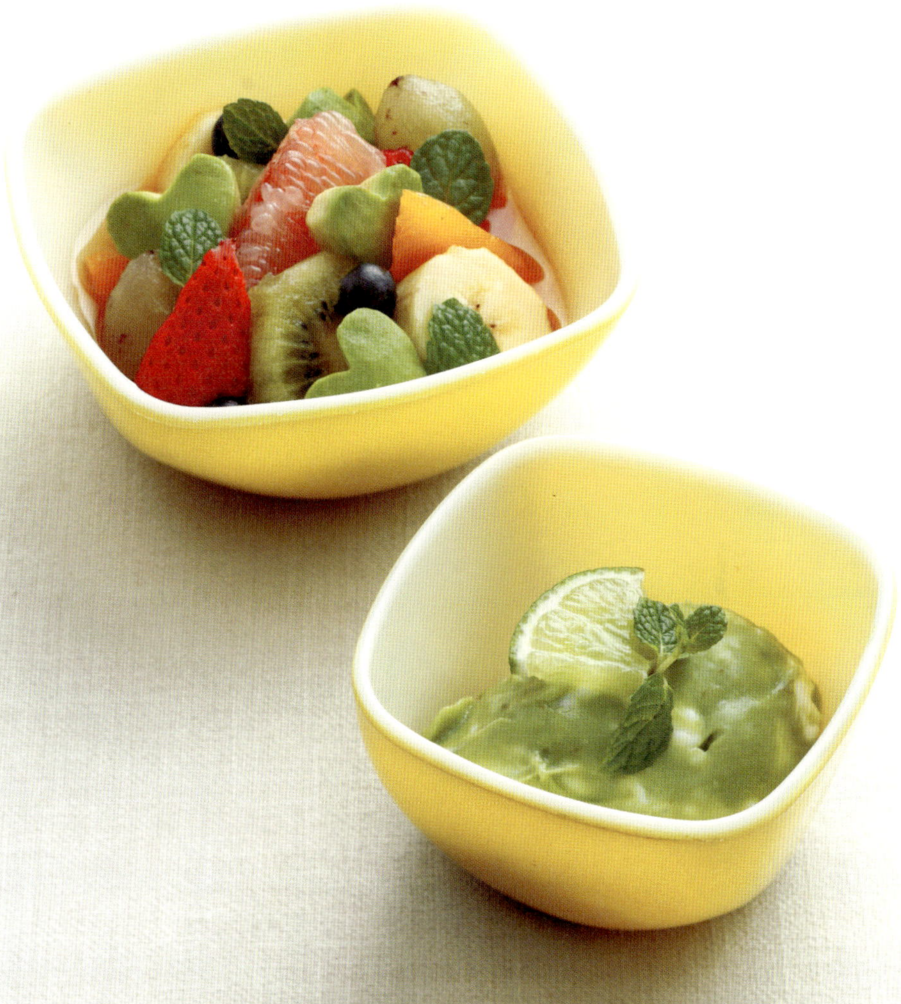

アボカドレアチーズケーキ風

つぶす

乳製品を使っていないのにレアチーズケーキのような味わい。
それもアボカドのなせるワザ。しかも凍らせるので、ゼラチンも不要。
少ない材料で簡単に作れるうれしいデザートです。

◎材料（4人分）
アボカド…2個
砂糖…120g
レモン汁…1個分
「オレオ」クッキー…8枚
A ┌（飾り）
　├ レモンスライス…適量
　├ ミント…適量
　└ アボカドのシロップ漬け…適量

◎作り方
① 「オレオ」クッキーをビニール袋に入れ、めん棒などでたたいて細かくつぶす。
② アボカド、砂糖、レモン汁をフードプロセッサーで混ぜ合わせる。
③ 角バットの底に①を敷き、その上に②を流し入れ、冷凍庫で5〜6時間冷やし固める。
④ 湯で少し温めたセルクル型を使い、型抜きして、Aでデコレーションする。

【アボカドのシロップ漬け】

◎材料（作りやすい分量）
丸くくり抜いたアボカド…適量
砂糖…大さじ6〜8
レモン汁…1個分
水…400cc

◎作り方
① 砂糖、水、レモン汁を合わせ、鍋でひと煮たちさせたら冷ます。
② ①にアボカドを漬ける。シロップに密着させるようにラップでふたをし、1日漬ける。

POINT

形はアレンジ自在！
型抜きしたり、シンプルに切り分けてもOK。冷凍庫から出して20〜30分常温におき、半解凍された状態で食べるとおいしいです。お好みの堅さで食べてください。解凍している間にデコレーションしちゃいましょう。

顔もつけてみる？
アイシングなどでデコレーションもできます。シロップ漬けのアボカドに顔をつけたら、きっとお子さんも大喜び！

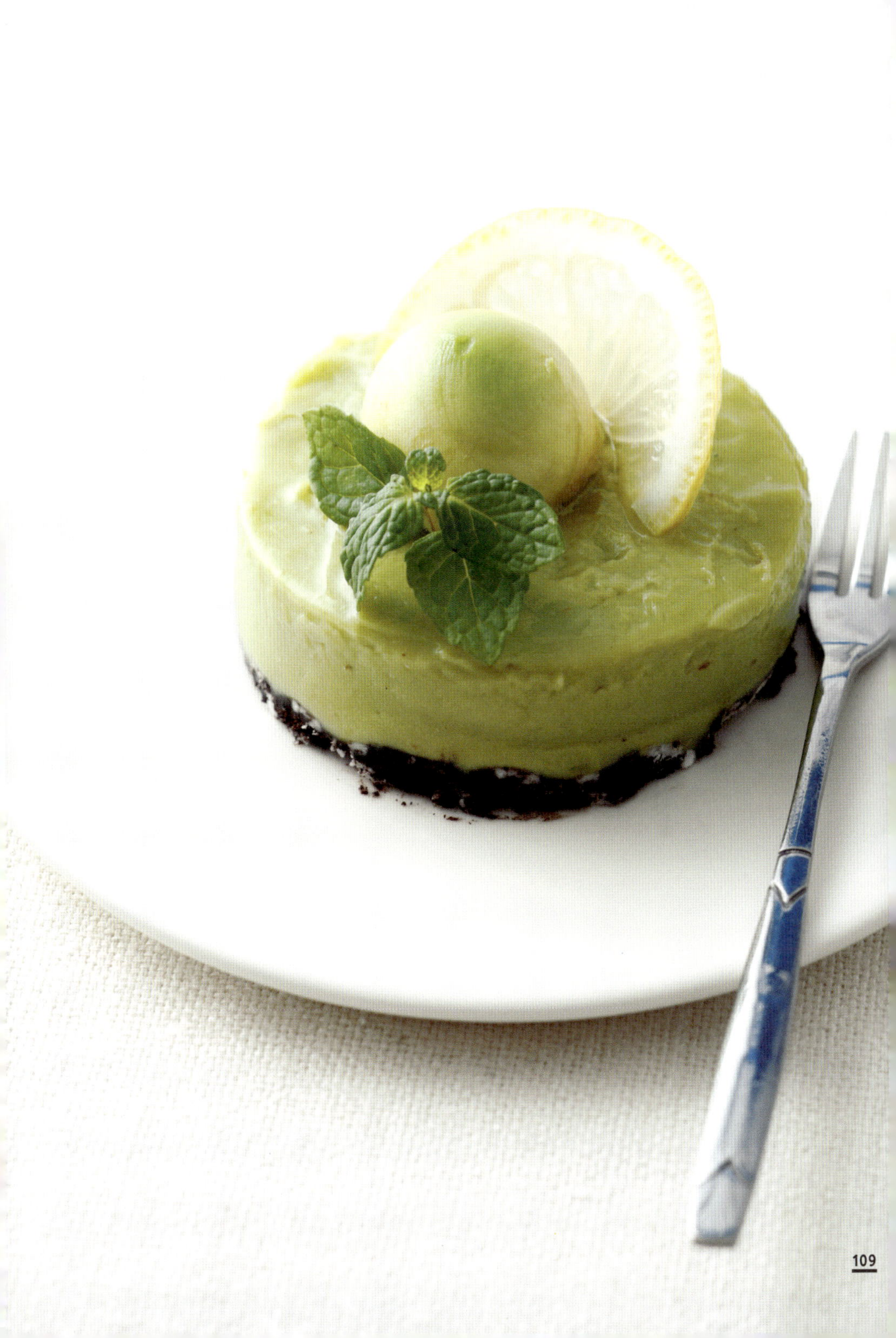

おわりに

　イタリアンのシェフを目指していた僕ですが、気づけば毎日、アボカドにまみれています。

　今から5年前、知人とカフェのレシピを考えていた時、お店の緑色の壁紙を見て、「アボカド料理もいいよね」と、軽い気持ちで作ってみたらこれがおいしかった。見た目もきれいで、思わず楽しくなる食感。料理に入ると贅沢な気分にもなる。こんなにおいしいものがあったなんて！それからアボカドの世界に没頭。そして、度胸一発勝負で原宿に「madosh! cafe」を、わき出るアイディアにキッチンが追いつかなくなり、渋谷にアボカドバル「sesso matto」をオープンしました。毎日多くの方にアボカド料理を楽しんでいただけて、うれしく思っています。

　僕はDJとして音楽活動もしています。DJは、曲と曲の良さを引き出しながらミックスしていく仕事ですが、アボカドはまさに、食材界のDJ。変幻自在で、合わせる食材のおいしさを引き出しながら新しい味の世界を作り出してくれるんです。おかげで僕のアボカド料理のレパートリーも増え続けていきました。そのレシピは、またの機会に……。

　この本に関わってくださった皆さん、ありがとうございました。手伝ってくれた我がスタッフ、そして、時に厳しく、時に菩薩のように優しく見守ってくれた妻・玲奈に感謝します。

　ハッピーな食卓にアボカドあり！ハッピーな人はアボカドを食べているはず！これからもおいしいアボカド料理をお伝えしていきます。

　　　　　　　　　　　　佐藤俊介　A.K.A "AvoMASTER"

madosh!cafe

マドッシュカフェ
東京都渋谷区神宮前5-28-7-2F
☎ 03-3400-1188
月〜金 11:30〜15:00 L.O.
(土日祝日は〜17:00 L.O.)、
17:00〜22:30 L.O./不定休
http://www.mado.in/

sesso matto

セッソマット
東京都渋谷区道玄坂1-13-1-2F
☎ 03-3461-1831
17:00〜24:00 L.O
(土日祝前日は〜28:00 L.O.)
不定休
http://sessomatto.in/

佐藤俊介

さとう・しゅんすけ／1974年東京生まれ。東京・日本橋の老舗とんかつ屋から料理修行を始める。さまざまなジャンルのレストラン、カフェに勤めた後、料理人をしながら飲食店のプロデュースも始める。2007年、"男子カフェメシを食べながらホームパーティ！"をコンセプトとしたアボカド料理専門店「マドッシュカフェ」を渋谷にオープン。2012年にアボカドをつまみながらうまいワインを飲めるバル「セッソマット」をオープン。料理人として、DJとして活動する一方、写真家として激動のベトナムを撮り続けている。愛する妻・玲奈、愛犬大五郎、コロンボとともに、愛する音楽が流れる空間でアボカドにまみれる日々。

SPECIAL THANKS
佐藤玲奈、桜井成根、sae、betty、Hissa、Atsushi、ガッキー、Akn、ユーガ、ヘニ、yumi、Leon、唐木田巻重、義家聖太郎、義家いづみ、ジェニファー

取材協力　IPM西本株式会社　www.ipm.co.jp

STAFF
写真：小林キユウ
スタイリング：本郷由紀子
ブックデザイン：宮崎絵美子
編集協力：松田亜子

365日アボカドの本

2013年 2月13日　第1版第 1 刷発行
2021年 8月12日　第1版第14刷発行

著者　　佐藤俊介

発行者　後藤淳一

発行所　株式会社PHP研究所
　　　　東京本部　〒135-8137　江東区豊洲5-6-52
　　　　第一制作部　☎03-3520-9615（編集）
　　　　普及部　　　☎03-3520-9630（販売）
　　　　京都本部　〒601-8411　京都市南区西九条北ノ内町11
　　　　PHP INTERFACE　https://www.php.co.jp/

印刷・製本所　図書印刷株式会社

©Shunsuke Sato 2013 Printed in Japan　　ISBN978-4-569-80898-7
※本書の無断複製（コピー・スキャン・デジタル化等）は著作権法で認められた場合を除き、禁じられています。また、本書を代行業者等に依頼してスキャンやデジタル化することは、いかなる場合でも認められておりません。
※落丁・乱丁本の場合は弊社制作管理部（☎03-3520-9626）へご連絡下さい。
送料弊社負担にてお取り替えいたします。